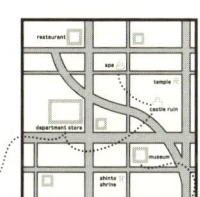

研究社ブックス…*get it*

英語で案内するニッポン

中山幸男
Yukio Nakayama

ジェフ・クラーク
Jeff Clark

研究社

プロローグ

　外国人に日本の風土や文化などを紹介するとき，だれしも慣れないうちはドギマギしてしまうのではないだろうか？　私も通訳ガイドになりたての頃は毎日が冷や汗ものだった．仕事に出かける前は受験生の心境になり，詰め込み勉強に大わらわ．現場では客の質問攻勢にタジタジになってしまったこともある．

　しかし経験を積むうちに，外国人がどんなことに関心を持つのかがおおよそわかってきて，情報の収集・整理や説明のコツが段々とつかめるようになった．本書は，こうした今までのガイド体験がベースになっている．

　Part 1 では基本的なフレーズをマスターしていただきたい．どれも始終使うような表現ばかりなので，現場でスラスラ言えるように繰り返し練習を重ねることをお勧めする．

　Part 2 にはすぐに応用できるようなさまざまな場面が出てくる．英語の表現だけでなく，どんなふうに説明したら，外国人客に興味を持って聞いてもらえるかということも参考になるだろう．私や共著者であるジェフさんの体験したエピソードが，失敗例なども含めてダイアローグの中に取り入れてある．こちらのほうも実際にやり取りしているつもりで音読練習をしていただきたい．

プロローグ

　本書で使われる表現は比較的短いものばかり．今までの日本紹介の本は，ダイアローグの文章にしても，やや硬くてしかも長すぎるものが多かったように思う．外国人には一息で言える長さで，パパッと要領よく説明したほうが喜ばれる．
　説明の際にユーモアを交えることができれば，さらによい．外国人とのコミュニケーションには不可欠の潤滑油と言えるだろう．ダイアローグの端々にジョークが出てくるのは，そうした点を考慮したためだ．
　日本の印象はガイド役次第ということも多く，やりがいもある．本書を大いに役立てて，"民間外交官"としての役目を楽しく演じてほしいと願っている．

　　2002年4月

　　　　　　　　　　　　　　　　　　　　中山幸男

プロローグ

　「何年も学校で英語を勉強したのに，すっかり忘れてしまった」というような日本人によく出会うが，頭の片隅にちゃんと残っていることも，結構あるのではないだろうか？　今だって四六時中，英語の言葉に触れているはずである．それがアルファベットではなく，ときにはカタカナだったりするけれど．．．．
　問題は頭の中に蓄えてある英語をどう活用するかである．そのためのステップとして5段階あると思う．
　1）自信を持つ（build confidence）→ 2）英語を使う場面を想像する（imagine）→ 3）その場面に応じた練習をする（practice）→ 4）実際の場面で使ってみる（use）→ 5）会話を楽しむ（enjoy）
　本書は，読者が5つのステップをクリアできるための手助けになるものである．来日した外国人に対して，日本のことをあれこれ説明するさまざまな場面を想定した．歌舞伎や茶の湯の話が出てくるかと思えば，ショッピングにパチンコ．．．．どれもありそうな場面ばかりである．使われている表現は言いやすいものばかり．何事もシンプルが一番である．
　さあ，まずは鏡に向かって，I do know English.（もちろん英語はわかる）と何度か繰り返して自信を持とう．あとは大いに練習と実践を積んでいただきたい．Have fun!

　　2002年4月

　　　　　　　　　　　　　　　　　　ジェフ・クラーク

も く じ

プロローグ　iii

Part 1
ガイドの基本フレーズ300／300 Basic Phrases　1

- あいさつとおしゃべり　2
- ツアーの計画と日程　6
- 見学地での誘導　10
- 見所の説明　14
- 提案する，注意する　18
- 盗難や病気について　22
- 買い物について　26
- 食べ物や飲み物について　30
- 乗り物の案内　34
- ホテルでの案内　38

Part 2
状況別 ガイドのポイントを押さえる
Guiding under Different Situations　　43

1. 一緒に食事をする／Dining　　44
「箸は使えますか」と聞くときは？　44
どういう所へ連れていったらよいのか？　48
すき焼き鍋を仲良く囲んだときは？　52
コンビニでおでんを見つけたときは？　56
居酒屋で乾杯をすることになったら？　60

2. 買い物に付き合う／Shopping Together　　64
何を探しているのかと思ったら，招き猫？　64
着物が高くて買えないときは？　68
クールな買い物って何だろう？　72
クリスマスプレゼントは何にする？　76

3. 観光案内をする／Seeing the Sights　　80
歩いて行く？　それとも電車で行く？　80
ドライブ旅行をスイスイ楽しむには？　84
お城に案内して，将軍のことを聞かれたら？　88
お寺と神社の違いって何だろう？　92
富士山頂で初日の出を拝むことになったら？　96
村祭りでおみこしを見つけたときは？　100
平和公園で千羽鶴について聞かれたら？　104

もくじ

温泉での入浴方法を説明するときは？ 108
トレンディな場所に行ってみたいと言われたら？ 112

4. 娯楽やスポーツに興じる／
Enjoying Entertainment and Sports　　116

歌舞伎をちょっとだけ見るときは？ 116
パチンコが禅の世界に通じているとは？ 120
相撲を間近に見てみたいと言われたら？ 124
高校野球の人気を説明するには？ 128
ゴルフで相手がOBを打ってしまったら？ 132

5. 会社や自宅に案内する／
At Work and at Home　　136

会社の案内役を買って出たときは？ 136
工場のロボットについて聞かれたら？ 140
単身赴任のメリットって何だろう？ 144
洋間でも靴を脱ぐのかと聞かれたら？ 148
お茶の心を伝えるには？ 152
選挙カーが家のそばを通ったら？ 156
塾通いの子供について説明するときは？ 160

付属CDについて

　本書付属のCDには，Part 1の基本フレーズ300，Part 2のすべてのダイアローグおよび応用フレーズの音声が，ナチュラルスピードで収録されています．音声収録箇所には，**CD 01**のようなマークで，トラック・ナンバーを示しましたので，繰り返し再生に利用してください．

　CDは聞くだけでなく，自分もガイドになったつもりで，ゆっくりでも結構ですから，本書のフレーズやダイアローグを声に出して繰り返し読んでみてください．次第に，ガイドをする際のリズムやイントネーションの感じをつかむことができ，基本表現も自然と口をついて出てくるはずです．

　また，いろいろな声に慣れていけるように，男女4人のナレーターに読んでもらいましたが，いずれの人もわかりやすくリズミカルに話しています．日本の地名や食べ物の名前なども注意して聞き，英語としての発音の仕方を覚えておくとよいでしょう．

ナレーター：

Julia Yermakov, Ryan Drees, Lisle Wilkerson,
Dominic Allen

Part 1
ガイドの基本フレーズ 300
300 Basic Phrases

　本パートには，外国のお客さんを案内するための300のフレーズが収められている．いずれも実用性が高く，すぐに使えるものばかり．何度も声に出してトレーニングを積んでほしい．舌がもつれるような例文はないので，スラスラ感も味わえるはず．繰り返し練習しているうちに，数多くの基本表現が自然に身に付いているというのが理想的である．ガイドの役になりきって，表現豊かに話すというイメージトレーニングも心がけよう．ちょうど俳優が舞台稽古をやるのと同様である．

●あいさつとおしゃべり   CD 01

1. Nice to meet you. My name is Aiko Tanaka.
2. I'll be your guide during your stay in Tokyo.
3. I hope you had a nice flight.
4. When did you come to Japan before?
5. What shall I call you?
6. Please call me by my given name, Aiko.
7. It's spelled A-I-K-O.
8. Here's my card.
9. This is my home number, and this is my work number.
10. You can contact me by telephone, fax or e-mail.
11. What places have you visited so far?
12. How has your trip been so far?
13. Are you visiting any other countries on this trip?
14. I wish I could take such a long vacation.
15. Are you traveling by yourself?

Part 1　ガイドの基本フレーズ300

● Starting Off

1　初めまして．田中愛子です．よろしくお願いします．

2　東京にご滞在中，あなたのガイドを務めます．

3　快適な空の旅だったのでしょうね．

4　以前，日本に来たのはいつですか？

5　あなたをどうお呼びしたらいいでしょうか？

6　ファーストネームで愛子と呼んでください．

7　スペルはA，I，K，Oです．

8　これが私の名刺です．

9　これは私の自宅の番号です．これは勤務先の番号です．

10　私への連絡は電話でもファクスでもEメールでもOKです．

11　今までどこに行きましたか？

12　今までのご旅行はいかがでしたか？

13　今回のご旅行では，どこかほかの国にも行くのですか？

14　私もそんなに長い旅行をしてみたいものです．

15　お1人で旅行しているのですか？

●あいさつとおしゃべり　　CD 02

16	What a beautiful day!
17	It's unusually warm for this time of year.
18	It may rain in the afternoon or evening.
19	There's a 70% chance of rain.
20	Do you all have your umbrellas?
21	I wish this rain would stop.
22	The weatherman says tomorrow will be snowy.
23	Are you going to be warm enough in that sweater?
24	I really enjoyed showing you around our town.
25	I wish you were staying longer.
26	I hope you visit Japan again someday.
27	Let me know when you visit Nagoya again.
28	We'll all miss you.
29	Do you have an e-mail address?
30	Let's keep in touch.

Part 1　ガイドの基本フレーズ300

● Starting Off

16　いい天気ですね．

17　この時期としてはとても暖かいですよ．

18　午後か夕方，雨が降るかもしれません．

19　降水確率は70パーセントです．

20　みなさん，傘を持っていますか？

21　この雨が止むといいのですけど．

22　天気予報によると，明日は雪になるそうです．

23　そのセーターで寒くないですか？

24　私たちの町の案内ができてほんとに楽しかったです．

25　もっとご滞在が長ければいいのですけど．

26　またいつか日本にぜひ来てください．

27　名古屋にまたお越しになるときは知らせてください．

28　あなたがいなくなると寂しくなります．

29　Eメールのアドレスがありますか？

30　連絡を取り合いましょう．

●ツアーの計画と日程

31 Let's think up a travel plan together.

32 Are you the museum-going type?

33 If you go to only one museum, this should be it.

34 If you go to Nikko, you have to visit Lake Chuzenji.

35 If you're going to Hakone, be sure to go in a hot spring.

36 Tsukiji Fish Market is closed on Sundays.

37 Which would you rather see, a temple or a castle?

38 Personally, I think Himeji's castle is better than Osaka's.

39 Spring is the best time to visit Yoshino.

40 It's still too early for cherry blossoms in Hirosaki.

41 One hour is not long enough to see Horyuji.

42 The Hakata *Dontaku* Festival is worth seeing.

43 If you go to Hagi, you'll have to stay overnight.

44 I'd spend at least three days in Kyoto.

45 Would you like one day free in Kyoto?

Part 1 ガイドの基本フレーズ300

● Tour Plan and Schedule

31 旅行のプランを一緒に練りましょう.

32 美術館や博物館を巡るのが好きですか？

33 博物館に1つ行くとしたら，ここがいいですよ．

34 日光に行くなら，中禅寺湖は必見です．

35 箱根に行ったら，温泉に入るといいでしょう．

36 築地の魚市場は日曜日は閉まっています．

37 お寺とお城のどちらを見学したいですか？

38 個人的には，大阪城よりも姫路城のほうがお勧めです．

39 吉野を訪れるなら春が一番です．

40 弘前ではまだ桜の開花には早すぎます．

41 法隆寺を見るなら1時間では足りません．

42 博多のどんたく祭りは見る価値がありますよ．

43 萩に出かけるなら，1泊したほうがいいですね．

44 私なら京都に少なくとも3日は滞在します．

45 京都では1日フリーな日を作りますか？

●ツアーの計画と日程

46	That looks like a very busy schedule to me.
47	Make sure you leave time for shopping.
48	Taking two tours in one day is tiring.
49	Today there are no tours in Spanish, but two in English.
50	The tour goes to Matsushima and the fish market.
51	After the morning tour, you're free until the evening.
52	The night tour gets back to the hotel at about 10:00.
53	Sorry, but the Higashiyama tour is full.
54	Lunch and one soft drink are included.
55	The tour includes all entrance fees.
56	You can sign up now and pay later.
57	The tour may be canceled because of the weather.
58	If you want to go to Mt. Koya, we'll have to arrange it now.
59	This booklet has useful information about Akita.
60	You can borrow this guidebook. Just be sure to return it!

Part 1　ガイドの基本フレーズ300

● Tour Plan and Schedule

46　日程が忙しすぎるように思います．

47　買い物する時間も必要ですよ．

48　1日で2本のツアーに参加するのは疲れます．

49　今日はスペイン語ツアーはありませんが，英語は2本あります．

50　そのツアーでは松島と魚市場に行きます．

51　午前のツアーのあとは夕方まで自由時間です．

52　ナイトツアーのホテル帰着は10時頃です．

53　申し訳ありませんが，東山ツアーはいっぱいになりました．

54　ランチとワンドリンクが含まれています．

55　ツアーにはすべての入場料が含まれています．

56　今申し込んで，支払いはあとでもいいです．

57　天気が悪いのでツアーはキャンセルになりそうです．

58　高野山に行きたければ，旅行の手配を今する必要があります．

59　この小冊子には秋田についての役立つ情報が載っています．

60　このガイドブックをお貸ししましょう．必ず返してくださいね．

●見学地での誘導　　　CD 05

61	We've just arrived at Kenrokuen Garden.
62	Wake up, everyone!
63	Don't leave any valuables in the bus.
64	The bus will come back when it's time to leave.
65	Don't forget, your bus is No. 2.
66	Please follow this flag.
67	Please stay with me.
68	First, I'll show you around. After that, you're free.
69	Please take your time. We're not in a hurry.
70	Please be back here by 10:30 at the latest.
71	This is the exit, not the entrance.
72	Admission is 200 yen for children under 12.
73	There are some discounts for groups.
74	There's an audioguide in English.
75	Let's do the main hall first, and the garden later.

●Leading the Way

61　兼六園に着きましたよ．

62　居眠りをしている人は起きてください．

63　車内に貴重品は残さないようにしてください．

64　バスは出発時間になったらまた戻って来ます．

65　あなたのバスは2号車です．覚えておいてください．

66　この旗を目印について来てください．

67　私から離れないようにしてください．

68　最初に中の説明をします．そのあと自由時間にしましょう．

69　どうぞごゆっくり．急ぎませんから．

70　遅くても10時半までにここに戻って来てください．

71　ここは出口です．入口ではありません．

72　入場料は，12歳未満の子供は200円です．

73　団体割引になっています．

74　英語の案内テープがありますけど．

75　最初に本堂を見て，それから庭に行きましょう．

●見学地での誘導 　　　　　　　　　　　CD 06

76　Please put your shoes on one of the shelves.

77　Don't worry, no one will steal your shoes.

78　Let's pass on the museum.

79　We mustn't enter that area.

80　Sorry, but you can't take pictures in the museum.

81　Let me get a picture of you in front of the Great Buddha.

82　Let's have our picture taken on Kintai Bridge.

83　Shall we stay to see the *kagura* dances?

84　The incense isn't free.

85　The temple closes in 15 minutes.

86　I'm sorry I couldn't show you around more.

87　Let's make sure everyone's here.

88　Anybody not here, please raise your hand.

89　Excuse me, but everyone is waiting on the bus.

90　Wait! Susie isn't back yet.

Part 1　ガイドの基本フレーズ300

● Leading the Way

76　脱いだ靴は下駄箱に置いてください．

77　ご心配なく．誰も靴を盗んだりはしませんから．

78　博物館はパスしましょう．

79　あそこに入ることは出来ません．

80　申し訳ないですが，博物館では写真撮影が禁止されています．

81　大仏の前で写真を撮ってあげましょう．

82　錦帯橋の上で一緒に写真を撮ってもらいましょう．

83　お神楽を見るまでここにいましょうか？

84　お線香は無料ではありません．

85　お寺はあと15分で閉まります．

86　もっとたくさんご案内できなくて残念です．

87　人数の確認をさせてください．

88　ここにいない人，手をあげてください．

89　すみません，みんなバスで待っているんですけど．

90　待ってください．スージーがまだ戻っていません．

●見所の説明

91	Can everybody hear me?
92	The mike's not working.
93	Please look at Mt. Fuji. You can see it very clearly.
94	Unfortunately, we can't see Mt. Nantai clearly.
95	Right in front of us is Tokyo Tower.
96	The main hall of the temple is on our right.
97	On our left, Lake Mashu has come into view.
98	Look up and you can see a kite.
99	I hope you don't mind crowds.
100	This is a special festival day.
101	There's a flea market on the 25th every month.
102	A five-story pagoda was once here.
103	The original building burned down in 1718.
104	We don't know who made this Buddhist image.
105	This pagoda was built in the Edo period, 300 years ago.

Part 1　ガイドの基本フレーズ300

● Explaining the Sights

91　皆さん，私の声が聞こえますか？

92　マイクの調子が悪いみたいです．

93　富士山を見てください．とてもくっきりと見えます．

94　残念なことに，男体山の姿がぼやけていてよく見えません．

95　正面に見えるのは，東京タワーです．

96　お寺の本堂は右手にあります．

97　左手に見えてきたのは，摩周湖です．

98　顔を上げて見てください．トンビが飛んでいます．

99　人ごみが気にならないといいのですけど．

100　今日は特別の祭日なんです．

101　毎月25日に蚤の市が開かれます．

102　昔はここに五重塔がありました．

103　創建当時の建物は1718年に焼けてしまいました．

104　この仏像を誰が作ったのかは不明です．

105　この塔は300年前の江戸時代に建てられました．

●見所の説明

106 This style was influenced by Zen Buddhism.

107 Everything is symbolic, but don't ask me what it means!

108 This is one of the oldest tearooms in Japan.

109 This house shows how ordinary samurai lived.

110 That's *ku*, the character for emptiness.

111 I can't read the writing on that scroll.

112 They say that this place is haunted.

113 This garden is different from the one we saw yesterday.

114 Notice the difference between these sculptures.

115 Here you can see the steps in *yuzen* dyeing.

116 Until recently, silk was a major industry in this area.

117 Each region had its own patterns.

118 The poet Basho wrote a famous haiku here.

119 It's one of the three most famous gardens in Japan.

120 Please feel free to ask questions.

● Explaining the Sights

106　この様式は禅の影響を受けています．

107　すべて何かを象徴してますが，その意味は聞かないでください．

108　ここは日本では最も古い茶室の1つです．

109　この家では一般の侍がどんな生活をしていたかがわかります．

110　それはemptinessを意味する「空」という文字です．

111　あの掛け軸の文字が読めません．

112　この場所は幽霊が出ると言われています．

113　この庭の様式は昨日見たものとは違います．

114　2つの彫刻の違いに注目してください．

115　ここでは友禅染ができるまでの工程を見学できます．

116　最近まで，この地方はシルクが主要産業でした．

117　（かすりの着物など）どの地域にも独特の模様がありました．

118　俳人の芭蕉はここで有名な俳句を詠みました．

119　そこは日本三名園の1つです．

120　何でもご質問してください．

●提案する，注意する　　CD 09

121	You take a number and wait.
122	Let's get in line.
123	You can get a map at the information desk.
124	Let me show you on this map.
125	I'll translate it for you.
126	Watch your head as you go out the door.
127	Who needs to use the restroom?
128	Please use the toilet before the show begins.
129	Are you comfortable sitting like that?
130	Go ahead and stretch your legs.
131	Let's put our bags in a locker.
132	It's all right to feed the carp.
133	Mosquito incense works.
134	You can access the Internet here.
135	Do you need a wheelchair?

● Suggestions and Advice

121　番号札を取って，お待ちください．

122　列に並びましょう．

123　インフォメーションデスクで地図がもらえます．

124　この地図で教えてあげましょう．

125　それを訳してあげましょう．

126　ドアから出るときは頭に気をつけてください．

127　トイレに行きたい人はどなたですか？

128　ショーが始まる前にトイレに行っておいてください．

129　そのように座ってもラクにしていられますか？

130　さあどうぞ足を伸ばしてください．

131　ロッカーに荷物を預けましょう．

132　鯉にエサをあげても構いませんよ．

133　蚊取り線香が役に立ちます．

134　ここでインターネットにアクセスできますよ．

135　車椅子が必要ですか？

●提案する，注意する

136 Smoking or nonsmoking?

137 Let's go somewhere quieter.

138 You can use my fan.

139 Do you need this repaired?

140 Let me speak to the manager.

141 I'll pick you up at the hotel.

142 May I bring a friend?

143 We'll meet in the hotel lobby at 8:00 tomorrow morning.

144 Why don't we meet at Tokyo station?

145 What are your plans for tomorrow afternoon?

146 Would you like to come to my home?

147 We're having a party.

148 There's no need to dress up.

149 It's OK to join the *Bon* dancing.

150 Let me show you the steps of *Tanko-bushi*.

Part 1　ガイドの基本フレーズ300

● Suggestions and Advice

136　喫煙席と禁煙席のどちらがいいですか？

137　どこかもっと静かなところに行きましょう．

138　私のうちわを貸してあげましょう．

139　これを修理に出しましょうか？

140　支配人に相談してみましょう．

141　ホテルにお迎えに参ります．

142　友人を連れて来てもいいですか？

143　明朝8時にホテルのロビーに集合しましょう．

144　東京駅で会いませんか？

145　明日の午後は何をする予定ですか？

146　私の家に来ませんか？

147　パーティを開きます．

148　正装する必要はありません．

149　盆踊りは自由に参加できます．

150　炭鉱節の踊り方を教えてあげましょう．

●盗難や病気について

151	In case of emergency, call 110.
152	It's not safe to walk around there alone at night.
153	There's a small bag for your valuables.
154	Are you forgetting anything?
155	Please don't lose this.
156	Be careful with your passport and money.
157	Keep an eye on our bags.
158	What's missing?
159	What's been taken?
160	Where did you lose your camera?
161	How much money was in your wallet?
162	What does your handbag look like?
163	Please try to ignore that man.
164	Are you allergic to anything?
165	Are you taking any medication?

● Theft and Illness

151　いざというときは，110番に電話してください．

152　その付近で夜のひとり歩きは無用心です．

153　貴重品を入れる小さな袋があります．

154　何か忘れ物はありませんか？

155　これをなくさないようにしてください．

156　パスポートとお金をなくさないように気をつけてください．

157　荷物に注意してください．

158　何がなくなりましたか？

159　何を盗られましたか？

160　どこでカメラをなくしたのですか？

161　財布にはいくら入っていましたか？

162　どんなハンドバッグを持っていたのですか？

163　あの男は無視してください．

164　何かのアレルギーはありますか？

165　何か薬を常用していますか？

●盗難や病気について

166　Is there anything you need at the drug store?

167　You can get it without a prescription.

168　It says take two tablets after every meal.

169　Please take this if you get seasick easily.

170　It's probably something that you ate.

171　Here, let me help you up.

172　Can you walk by yourself?

173　Where does it hurt?

174　Do you need a Band-Aid?

175　Why don't you lie down for a few minutes in the shade?

176　Are you feeling better now?

177　Do you have an appetite?

178　Shall I call a doctor?

179　Do you need a doctor who speaks English?

180　What kind of insurance do you have?

Part 1　ガイドの基本フレーズ300

● Theft and Illness

166　薬屋で何かほしいものはありますか？

167　それは処方箋がなくても買えますよ．

168　毎食後2錠飲むように書いてあります．

169　すぐ船酔いになりそうなら，これを飲んでください．

170　食あたりのようですね．

171　（転んだ相手に）さあ，手をお貸ししましょう．

172　自分で歩けますか？

173　どこが痛みますか？

174　バンドエイドがいりますか？

175　日陰でしばらく横になったらどうですか？

176　気分はよくなりましたか？

177　食欲はありますか？

178　お医者さんを呼びましょうか？

179　英語が話せる医者がいいですか？

180　どんな保険に入っていますか？

●買い物について 　　　　　　　　　　　　　CD 13

181	How much time do you need to shop?
182	Please take your time shopping.
183	You have 40 minutes for last-minute shopping.
184	I'll wait in this coffee shop while you're shopping.
185	They only give one free sample per person.
186	There are 10 cards in a set.
187	Are you looking for something in particular?
188	How many people are you buying presents for?
189	Here's something your husband might like.
190	What size are you looking for?
191	How did it fit?
192	You need something in a bigger size.
193	They don't have any more extra-large T-shirts.
194	That color looks good on you.
195	They have it in brown.

● Shopping

181 お買い物にどれくらいの時間がいりますか？

182 ごゆっくりお買い物してください．

183 最後の買い物に40分ほど時間が取れます．

184 あなたが買い物をしている間，私はこの喫茶店で待っています．

185 １人に１つだけ無料の試供品がもらえます．

186 10枚のカードで１組になっています．

187 何か特別にお探しですか？

188 何人にお土産を買うつもりですか？

189 あなたのご主人が気に入りそうなものがありますよ．

190 どのサイズをお探しですか？

191 サイズは合いましたか？

192 もっと大きめのサイズがいいですよ．

193 LLのTシャツは在庫がもうないみたいです．

194 その色はあなたによく似合いますよ．

195 それの茶色もありますよ．

●買い物について　　　CD 14

196　Would you like to try it on?

197　This is on sale.

198　Prices here are a little bit expensive.

199　Those sweet bean cakes will go bad before you get home.

200　You can get better china when we go to Arita.

201　Plastic is easier to take care of than real lacquer.

202　Is this what you were looking for?

203　Let me explain how it works.

204　Would you like to exchange it for something else?

205　How would you like to pay?

206　You can use credit cards here.

207　That's a 2,000-yen bill, not a 10,000-yen bill.

208　You need your passport to buy tax-free goods.

209　You can ask the shop to send them to New Zealand.

210　Overseas mailing costs are 2,000 yen per package.

● Shopping

196 試着してみますか？

197 これはバーゲン品です．

198 ここの値段はちょっと高めです．

199 そのまんじゅうは帰国する頃には悪くなってしまいます．

200 有田に行くと，もっといい陶器が見つかります．

201 プラスチックのほうが本物の漆よりも扱いやすいです．

202 これはあなたが探していたものですか？

203 その使い方について説明しましょう．

204 それを何か別のものと交換したいですか？

205 何でお支払いになりますか？

206 ここではクレジットカードが使えます．

207 それは2000円札です．1万円札ではありません．

208 免税品を買うにはパスポートが必要です．

209 お店に頼めば，これをニュージーランドに送ってもらえますよ．

210 外国への郵送料は1つ2000円です．

●食べ物や飲み物について　　　CD 15

211　Let's stop and get a cold drink.

212　Here's a cold[hot] towel to wipe off with.

213　Here's the menu.

214　Are you ready to order?

215　Refills aren't free at this coffee shop.

216　This shop is known for its good buckwheat noodles.

217　Today's lunch special is tuna rice bowl.

218　You can get roast fish instead of raw fish.

219　The meal comes with rice.

220　Can you wait half an hour for dinner?

221　Are you tired of eating rice?

222　They have vegetarian dishes here.

223　The vegetables and noodles are cooked in fish stock.

224　Shall I ask for a knife and fork?

225　The waitress will bring you clean chopsticks.

● Food and Beverages

211　ちょっと休んで冷たいものを飲みましょう．

212　おしぼりをどうぞ．

213　こちらがメニューです．

214　注文を取ってもらいましょうか？

215　この喫茶店ではコーヒーのお代わりは有料です．

216　この店は，おそばがおいしいことで知られています．

217　今日のランチは鉄火丼です．

218　（セットメニューで）お刺身の代わりに焼き魚でもいいですよ．

219　食事にはご飯が付いてきます．

220　夕食の時間まで30分待ってもらってもいいですか？

221　ご飯を食べ飽きていませんか？

222　ここにはベジタリアン向けの料理があります．

223　野菜やおそばが魚の出し汁で料理されています．

224　ナイフとフォークを頼んであげましょうか？

225　ウェートレスが新しい箸を持って来てくれますよ．

●食べ物や飲み物について   CD 16

226　This is an old Kansai recipe.

227　How do you like it?

228　You can eat the leaf, if you like.

229　Would you like to try some of this fish?

230　I'll give you my shrimp if you give me your salmon eggs.

231　Is the *yokan* too sweet for you?

232　You don't have to eat it if you don't want to.

233　That was a delicious meal.

234　You each owe me 1,200 yen for lunch.

235　You have to pay at the register.

236　Let me buy you a drink.

237　Do you want another drink?

238　It's time for the last order.

239　I've already had too much to drink.

240　Shall we go on to the next pub?

Part 1　ガイドの基本フレーズ300

● Food and Beverages

226　これは昔ながらの関西料理です．

227　お味はどうですか？

228　もしよかったら，葉っぱも食べられますよ．

229　この魚をちょっと食べてみませんか？

230　イクラをくれるなら，エビをあげましょう．

231　羊かんは甘すぎますか？

232　もし気が進まないなら，無理に食べなくてもいいですよ．

233　おいしかったですね．

234　昼食代として，お1人1200円ずついただきます．

235　レジでお支払いください．

236　飲み物をおごらせてください．

237　飲み物のお代わりがほしいですか？

238　ラストオーダーの時間です．

239　もう飲みすぎました．

240　別の居酒屋に場所を変えましょうか？

●乗り物の案内　　　　　　　　　　　　CD 17

241　It's 320 yen to Shimizu station.

242　First you press this button, and then this one.

243　Some machines don't take 500-yen coins.

244　Reserved seats are 1,000 yen more.

245　The JR rail pass isn't good for private lines.

246　Do you want me to keep your ticket?

247　We have 15 minutes before the train departs.

248　There's no toilet on the train.

249　There's a special seat for the elderly and handicapped.

250　Watch your step when you get on the train.

251　Let these people get off first.

252　That's a local train, so it's very slow.

253　There are seven stops to Kumamoto.

254　What time will you arrive in Sendai?

255　We get off at the next station.

Part 1　ガイドの基本フレーズ300

● Public Transportation

241　清水駅まで320円です．

242　まずこのボタンを押して，それからここです．

243　500円玉が使えない機械があります．

244　指定席は1000円追加になります．

245　JRパスは私鉄には使えません．

246　切符を預かってあげましょうか？

247　電車の出発まであと15分あります．

248　その列車にはトイレは付いていません．

249　高齢者と身障者用の優先席があります．

250　電車に乗るときは足元に注意してください．

251　この人たちを先に降ろしましょう．

252　あれは鈍行です．とても時間がかかります．

253　熊本は7つ目の駅です．

254　仙台には何時に着きますか？

255　次の駅で降りますよ．

●乗り物の案内

256　We have to change trains at Yokohama station.

257　We have seven minutes to change trains.

258　Can you get to Kamakura by yourself?

259　The train has stopped because of an accident.

260　Trains aren't running because of the typhoon.

261　Can you get to sleep on a bus?

262　We have to call to get a taxi.

263　Have you ever driven on the left side of the street?

264　Let's take the expressway.

265　There's a rest area five kilometers ahead.

266　What a terrible traffic jam!

267　There's been an accident.

268　The rental fee is 1,500 yen for a half day.

269　Boats leave to Naha twice a day.

270　It's almost eight hours to Beppu, so bring a book.

● Public Transportation

256　横浜駅で乗り換えなければなりません．

257　列車の乗り換え時間は7分です．

258　鎌倉まで1人で行けますか？

259　事故があってその電車が止まりました．

260　台風のため，電車が動いていません．

261　バスの中で寝られますか？

262　タクシーに乗るなら電話で呼ばないといけません．

263　左側通行で車を運転したことがありますか？

264　高速道路に出ましょう．

265　5キロ先に休憩所があります．

266　すごい交通渋滞ですね．

267　事故がありました．

268　(自転車の) 半日のレンタル料金は1500円です．

269　那覇行きのフェリーは1日2便あります．

270　別府まで8時間近くかかります．本を持って来てください．

●ホテルでの案内

271 They have a room available on June 30.

272 Would you like a room for two nights?

273 Please sign your name in the register.

274 The fire exit is down the hall.

275 Let me help you with your luggage.

276 Your room is on the fifth floor.

277 You have a great view of Mt. Hachimantai.

278 I hope you have a pleasant stay.

279 The air conditioning doesn't work.

280 There's an 11:30 curfew.

281 You can leave your key at reception when you go out.

282 Let me get you a longer *yukata*.

283 Bath time is from 6:00 a.m. to 11:00 p.m.

284 The big bath is open 24 hours a day.

285 You'll share the toilet and bath.

● At a Hotel

271　6月30日はお部屋が取れますよ．

272　お部屋の予約は2泊でいいですか？

273　宿帳にお名前を書いてください．

274　非常口は廊下の突き当たりです．

275　荷物を運ぶのを手伝いましょう．

276　あなたのお部屋は5階です．

277　八幡平の素晴らしい眺めが望めます．

278　どうぞごゆっくりおくつろぎください．

279　エアコンが壊れていますね．

280　門限は11時半です．

281　外出するときは鍵をフロントに預けてください．

282　もっと丈の長い浴衣を持って来てあげましょう．

283　入浴時間は午前6時から午後11時です．

284　大浴場は24時間入れます．

285　トイレと風呂は共同で使うようになっています．

●ホテルでの案内

286　If you need anything, just ask your maid.

287　They'll bring the meals to your room.

288　You have your meals in the dining room.

289　They'd like to know if there are any foods you don't eat.

290　They take out your *futon* while you have dinner.

291　You have to take out and put away your *futon*.

292　They change the sheets and *yukata* every day.

293　Leave your thermos outside the door to get hot water.

294　Would you like a wake-up call?

295　Is everything all right at your hotel?

296　Would you like to check out?

297　I'll send someone for your bags.

298　Do you want to get anything from your safe-deposit box?

299　I think there's a mistake on your bill.

300　Would you like to stay another night?

● At a Hotel

286　何か用事があれば，メードに言ってください．

287　部屋に食事を持って来てくれます．

288　食事は食堂に行って食べます．

289　食べられないものがあるかどうか聞いています．

290　夕食を食べている間に布団を敷いてくれます．

291　布団は自分で敷いたり，片付けることになっています．

292　毎日シーツと浴衣を交換してくれます．

293　ポットをドアの外に出しておくとお湯を入れてくれます．

294　モーニングコールが必要ですか？

295　ホテルはすべてに満足していますか？

296　チェックアウトをしますか？

297　荷物を運んでもらうようにしましょう．

298　貸金庫から何か取り出しますか？

299　請求書に間違いがありますよ．

300　もう1泊したいですか？

Part 2
状況別 ガイドのポイントを押さえる
Guiding under Different Situations

1. 一緒に食事をする／Dining
2. 買い物に付き合う／Shopping Together
3. 観光案内をする／Seeing the Sights
4. 娯楽やスポーツに興じる／Enjoying Entertainment and Sports
5. 会社や自宅に案内する／At Work and at Home

本パートは,「食事」や「買い物」など5つの大きなテーマ,合計30のダイアローグから構成されている.様々な場面を通して,日本の文化紹介に必要な英語の使い方がひととおり身に付けられるようになっている.ダイアローグのセリフは,外国人の言葉も声に出して練習すれば,リスニング力を高めることにもなるだろう.各セクションの「コラム」はガイド経験を元に記したもの.普段の学習や実際に案内するときのヒントにしてほしい.

1. 一緒に食事をする
Dining

「箸は使えますか」と聞くときは？

アメリカからやって来た友人を連れて築地市場の見学．ただボストン出身だけに，ボストン産のマグロには食指が動かない様子．結局，立ち食いそば屋へ案内することに．．．．

CD 21

Tomoko: Aren't you suffering from jet lag?

Marie: Oh, no. I'm wide awake. It's 6:15 in the evening back in Boston.

Tomoko: I guess you're ready for dinner, then. **How about some sushi?**

Marie: That Boston tuna we saw at the auction looked good, but I think I'd prefer something warm.

Tomoko: Well, there's tempura, roast fish . . . .

Marie: How about those noodles with seafood that we saw at the street stand?

Tomoko: Fine. **But can you eat them with chopsticks?**

Marie: I'll manage. **Just don't ask me to slurp, that's all.**

Words and Phrases
- ◆ suffer from 〜　〜に苦しむ，病気になる
- ◆ jet lag　時差ぼけ
- ◆ street stand　立ち食いスタンド，屋台
- ◆ manage　何とかする
- ◆ slurp　（大きな）音を立てて食べる

Part 2　1. 一緒に食事をする

Should I ask, "Can you use chopsticks?"

とも子：　時差ぼけで大変なんじゃないの？
マリー：　大丈夫．目がパッチリ開いているわ．今，ボストンでは夕方の6時15分ですもの．
とも子：　だったらこれから夕食ってところね．どう，お寿司でも？
マリー：　せりで見たボストンのマグロもよさそうだったけど，何か温かいもののほうがいいわ．
とも子：　そうねぇ，天ぷらとか焼き魚とか....
マリー：　立ち食いスタンドで見かけたシーフード入りのおそばはどうかしら？
とも子：　いいわよ．でも，お箸は使えるの？
マリー：　何とかなるわ．ただ，音を立てて食べるのだけはごめんよ．

🔠 説明のポイント

1. How about 〜? は人に何か食べ物などを勧めるときに便利な表現．お代わりを勧めるときは，How about more tuna rolls? （もう少し鉄火巻きはどう？）のように言えばよい．How would you like 〜? も同義．How about 〜? よりも丁寧な表現になる．

2. 箸を使えるかどうかを尋ねるのは，日本人にナイフやフォークが使えるかどうかを聞くようなものなので，相手によっては気を悪くする人もいるので注意したい．また，You use chopsticks very well!（お箸を上手に使いますね）とむやみにほめたりするのも同様である．

　もっとも，次のような説明はしておいたほうがよいだろう．Don't leave your chopsticks sticking in the rice. You only do that at funerals.（箸をご飯に突き刺してはいけません．お葬式のときにやる仕草だからです）

　日本通の外国人でないとこのことを知らないので，大事なポイントだ．和食レストランなどで外国人がこれをやると，近くに座った日本人に冷やかな目で見られたりする．

3. 外国人の多くは，音を立てて食べることに抵抗を示す．Why do you make a noise?（なぜ音を立てて食べるのか？）と聞かれたら，It shows we're thankful for the delicious food.（おいしい食べ物に感謝の気持ちを表わしているんです）のような説明が可能だ．When in Rome do as the Romans do.（郷に入っては郷に従え）とは言うものの，外国人に無理強いはしないほうがいいだろう．

■ 応用フレーズ

CD 22

How about some sushi?
お寿司でもいかがですか？

How about some more pickles?
もっと漬物はいかがですか？

How about another bottle of beer?
ビールのお代わりはいかがですか？

　　　　　　　＊　　＊　　＊

Well, there's tempura, roast fish . . . .
そうねぇ，天ぷらとか焼き魚とか . . . .

There's Kabuki, Noh, traditional dance . . . .
やってるのは歌舞伎や能や伝統舞踊とか . . . .

There's a big indoor bath, an outdoor bath, a women's bath . . . .
あるのは大浴場と露天風呂と女風呂 . . . .

通訳案内のコツとトレーニング法

ウナギの蒲焼きは御法度

　外国人と食事をするときは，宗教上の理由などで食事の制限がないかどうか確かめることが肝心．イスラム教徒に豚肉はタブーというのは周知の通り．ユダヤ系の人とお寿司を食べるときは，エビや貝のにぎりを勧めないほうがいいだろう．旧約聖書によると，エラのない魚は食べてはいけないことになっている．以前，日本人のホームパーティに誘われた人がイカ入りのスパゲッティを出されて，ほとんど口にできなかったと語っていた．

どういう所へ連れていったらよいのか？

デパートの地下食料品売り場で試食を楽しんだあと大食堂へ．料理見本がいろいろと陳列してあるので選ぶのに便利だ．そこで，親子丼や他人丼の名前の由来を説明することに....

CD 23

Kevin: This isn't a department store, it's a food museum! And a free restaurant.

Sumiko: Now we're done with the appetizers, let's go on to the main course.

Kevin: You mean, for the entrées we don't have to pay, either?

Sumiko: Pie? **You can have a pie for dessert.** Anyway, do any of the wax displays look appealing to you?

Kevin: The rice with the chicken and egg on it looks good.

Sumiko: The so-called "parent-and-child bowl"? Personally, I prefer this one, the "outsider's bowl."

Kevin: Why is a beef and egg bowl called an outsider's bowl? Because the beef comes from Australia?

Sumiko: No, because the ingredients come from different parents. But inside or outside the family, we're sure to get a filling meal.

Part 2　1. 一緒に食事をする

Where should I take you for dinner?

ケビン： ここはデパートじゃないよ．食べ物の博物館だ．無料のレストランと言ってもいい．

澄子： 前菜は済んだから，メインディッシュに行きましょうよ．

ケビン： メインディッシュもお金を払わなくていいっていうわけかい？

澄子： パイですって？ パイならデザートにどうぞ．さて，ロウでできた見本で食欲をそそるものがあるかしら？

ケビン： チキンと卵がご飯に載っているのがおいしそうだけど．

澄子： 親子丼のことね？ 私はこっちのほうがいいわ．他人丼よ．

ケビン： どうして牛肉と卵の丼物が他人丼と呼ばれるんだい？ オーストラリアの牛肉だからかい？

澄子： いえ，材料が別の親だからよ．でも同じ家族だろうとなかろうと，きっとお腹がいっぱいになると思うわ．

Words and Phrases
◆appetizer　前菜
◆entrée　メインディッシュ
◆display　陳列品
◆ingredient　材料
◆filling　満腹にさせる

🔠 説明のポイント

1. 「支払う」という意味のpayは，オーストラリア人が発すると「パイ」のようになり，食べるパイかと勘違いしないように注意しよう．また，「エイ」の発音が「アイ」になる傾向にある．理屈ではわかっていても，その場で言われると面食らうことも多い．

2. デパートの地下で試食(food sampling)をしながら，外国人旅行者はその食料品の多さにたまげてしまう．そうした相手には，Just don't ask for coffee after dessert! (デザートのあとにコーヒーをねだったりはしないでね)とジョークを言うのも面白い．

3. 丼物はひと言で言うと，a rice dish served in a *domburi* bowl となる．天丼(tempura rice bowl)や鰻丼(broiled eel rice bowl)，カツ丼(rice topped with pork cutlets)などバラエティに富んでいる．基本的には，Plain rice is topped with fish or meat, and some kind of flavoring or sauce. (白いご飯の上に魚や肉，それに特別な味付けやソースなどが加えられている)といった説明ができる．

　カツ丼を説明するときに，The cutlets cover the rice and keep it warm. And the rice is warm, so the cutlets don't get cold. (カツがご飯に蓋をする格好になるからご飯が冷めない．ご飯が温かいからカツも冷めない)のような説明もいいだろう．なかなかうまい方法ではないか．

Part 2 1. 一緒に食事をする

■■ 応用フレーズ
CD 24

Now we're done with the appetizers, let's go on to the main course.
前菜は済んだから，メインディッシュに行きましょう．

Now we're done with the temple, let's go on to the gift shop.
お寺は済んだから，お土産屋さんに行きましょう．

Now we're done with the toasts, let's go on to the food.
乾杯は済んだから，食べ物をいただきましょう．

* * *

Do any of the wax displays look appealing to you?
ロウでできた見本で食欲をそそるものがありますか？

Do any of the clothes in the window look appealing to you?
ウインドーの洋服でよさそうなものがありますか？

Do any of the Japanese-style cakes look appealing to you?
和菓子で何か食べてみたいものがありますか？

通訳案内のコツとトレーニング法

料理見本は万能ではない

　レストランの店先に料理見本が並んでいたり，メニューに写真があれば，それを指さして注文できるので外国人には便利．ただし食材まではよくわからないので，その説明のために詳細なイラスト入りの自家製リーフレットをいつも持参している通訳ガイドもいる．誤解のないように，ときには適切な食べ方の案内も必要だ．枝豆を皮のまま食べて，喉につかえるとこぼすような外国人もいるのである．

すき焼き鍋を仲良く囲んだときは？

スイス人と一緒に日本の伝統料理を食べることになった．ただし天ぷらはあまりほしくない様子なので，すき焼き鍋を囲むことにする．何だかスイス料理を思い出すという．

CD 25

Kensuke: Why did you choose to have sukiyaki rather than tempura, Hans?

Hans: I've had tempura so often, I wanted to try something less oily.

Kensuke: Actually, most Japanese foods don't have much fat.

Hans: That's what they say, but **look at this marbled beef**.

Kensuke: It's an exception. Still, with all the vegetables, sukiyaki is a very healthy food.

Hans: Also, there's a sense of togetherness when we all eat from the same pot.

Kensuke: That's nice. Not all Europeans feel that way.

Hans: But I'm from the land of fondue. Eating sukiyaki is making me feel right at home.

Part 2 1. 一緒に食事をする

Would you like to have sukiyaki?

健介：　ハンス，どうして天ぷらじゃなくてすき焼きを選んだんだい？

ハンス：　天ぷらばかりだったからさ．あんまり油っこくないものがほしくなったんだ．

健介：　実をいうと，日本食のほとんどはあんまり油っこくないんだよ．

ハンス：　よくそんなふうに言われているけどね．でもこの霜降り肉を見てごらんよ．

健介：　それは例外のようだね．でも野菜がたっぷり入っているので，すき焼きも健康食になるんだよ．

ハンス：　それから，同じ鍋から食べるので一体感が生まれるね．

健介：　いいことを言うなぁ．ヨーロッパの人は必ずしもそんなふうに思っていないからね．

ハンス：　でも僕はフォンデュの国から来たんだ．すき焼きを食べると懐かしい気分になるよ．

Words and Phrases
◆oily　油っこい
◆fat　脂肪
◆marbled beef　霜降り肉
◆exception　例外
◆togetherness　一体感
◆fondue　フォンデュ

🗐 説明のポイント

1. すき焼きは，Sliced beef, tofu and vegetables are cooked in an iron pan with soy sauce, sugar and sweet sake.（薄切りの牛肉や豆腐，野菜を鉄鍋に入れて，しょう油と砂糖，みりんなどで料理したものです）のような説明になる．Sukiyaki means "roasting on the blade of a plow."（すき焼きは「鋤の刃の上で焼く」という意味です）という名前の由来も面白い．その理由は，It was first cooked by farmers in the field.（そもそもは農夫が畑で料理したからです）とのこと．

　なお，卵は鍋に入れて食べるものだと思う人もいるので，「お好み」（optional）だということをちゃんと告げておこう．

2. 天ぷらを食べる前は，天つゆ（tempura dipping sauce）について説明しておいたほうがよい．つゆをそのまま飲んでしまい，塩辛いと言う人がいるからだ．大根おろしについては，Grated radish helps to digest oils.（大根おろしは油分の消化を助けます）のように言う．

3. 霜降り肉の作り方はユニーク．People give the cattle beer and massage them with brushes.（牛にビールを飲ませ，ブラシでマッサージをします）といった具合だ．値段の高いことについては，Somebody has to pay the beer bill!（ビールの飲み代を払う人が必要ですから）とでも答えるとよい．

■■ 応用フレーズ

CD 26

Why did you choose to have sukiyaki rather than tempura?
どうして天ぷらじゃなくてすき焼きを選んだのですか？
Why did you choose to go to Kanazawa rather than Kyoto?
どうして京都ではなくて金沢を選んだのですか？
Why did you choose to travel by bus rather than train?
どうして列車じゃなくてバスで旅行したのですか？

*　　*　　*

With all the vegetables, sukiyaki is a very healthy food.
野菜がたっぷり入っているので，すき焼きも健康食になるんです．
With all the protein, tofu is a very healthy food.
たんぱく質が豊富なので，豆腐はとても健康にいい食べ物です．
With all the minerals, *hijiki* is a very healthy food.
ミネラル分が豊富なので，ひじきはとても健康にいい食べ物です．

通訳案内のコツとトレーニング法

「いただきます」のような決まり文句

　食事が始まる前に，英米人が決まり文句のようによく口にするのがbon appetitという言葉．もともとはフランス語で，「ボナペティ」（「ティ」を強く）のように発音する．「おいしく召し上がれ」といった意味で声を掛け合う．007シリーズの映画でも，ジェームズ・ボンドが悪人をピラニアの泳ぐ池に投げ込んだあと，Bon appetit! とつぶやいていた．何かひと言を発してから食べ始めたいという人には，うってつけの言葉になる．

コンビニでおでんを見つけたときは？

ネブラスカ出身の中年女性をコンビニに案内．おにぎりの種類の多さにびっくりしている．おでんも珍しい．出し汁の中に入っている昆布やチクワなどは初めて見るもの．

CD 27

Polly: Here's something you'll never find at the Seven-Eleven in Omaha—20 different kinds of rice balls!

Jiro: Tuna with mayonnaise is my favorite for lunch.

Polly: Sounds interesting. And what are those brown things floating in stock?

Jiro: That's called *oden*. Eggs and potatoes you're familiar with. Then there's kelp, and those are cakes made of fish paste.

Polly: It looks strange.

Jiro: But it's low calorie and high protein. And it tastes good.

Polly: No wonder you Japanese live so long. Still, I think I'll go for a sandwich. Oh, and one of those sweet bean cakes for dessert.

Part 2　1. 一緒に食事をする

Convenience store *oden* tastes good.

ポリー：　オマハのセブンイレブンでは絶対に見られないものがあるわ．おにぎりが20種類もあるなんて！

次郎：　ツナ＆マヨネーズのおにぎりをランチに食べるのが，僕の好みなんだ．

ポリー：　よさそうじゃない．出し汁の中に浮いている茶色いものは何なの？

次郎：　おでんと言うんだよ．卵やポテトはおなじみだろうけど，昆布があったり，魚のすり身でできたチクワもね．

ポリー：　変わってるわねぇ．

次郎：　でも，低カロリーで高たんぱく質なんだ．それに味もいいよ．

ポリー：　だから，日本人は長生きするのね．でも私はサンドイッチにしておくわ．あ，それからデザートにおまんじゅうもね．

Words and Phrases
◆stock　煮出し汁
◆be familiar with 〜　〜と馴染みがある
◆kelp　昆布
◆fish paste　練った魚肉
◆protein　たんぱく質
◆sweet bean cake　まんじゅうや最中などあんこが入った和菓子

🔲 説明のポイント

1. おにぎりは外国のスーパーでも見られるようになっている．Rice shaped into balls or triangles is great for picnics. It's fun when you find pieces of salmon or kelp inside. The outside is sprinkled with sesame seeds or wrapped with *nori*.（丸や三角のおにぎりは鮭や昆布が入っていて，ピクニックによく合う楽しい食べ物です．外側はゴマをまぶしたり，海苔が巻いてあります）のような説明を加えるのもよいだろう．be great for 〜 の代わりに be perfect for 〜（〜にぴったり合う）を使うことも可．

2. ポリーの Sounds interesting. は必ずしも「よさそう」の意味とは限らない．言い方によっては，「変なものね」といった意味になる．アメリカ人の間にも曖昧な表現が存在するということだ．

3. おでんをひと言で言うと，fish and vegetables cooked in stock（出し汁の中で調理した魚や野菜）となる．チクワ（bamboo-shaped fish-paste cake）やハンペン（soft, steamed fish cake）など，練り魚肉を使った具をよく使う．

こんにゃくは辞書に devil's tongue（悪魔の舌）とあるが，なかなか通じない．It's a hard jelly made from a kind of root.（根菜の一種でゼリー状に固めたもの）と言ったほうがわかりやすい．さらに，It's like a vacuum cleaner. It takes poisons out of the body.（掃除機のようなもので，身体の毒素を消去してくれます）などと説明できるが，口の悪い人は，It tastes like rubber.（ゴムのような味ですね）と言ったりする．

■応用フレーズ

CD 28

Here's something you'll never find outside Japan—20 different kinds of fruit gum!
日本以外では絶対に見られないものがありますよ．フルーツガムが20種類もあるなんて！

Here's something you'll never find in American sushi bars—fresh sardines!
アメリカの寿司バーでは絶対に見られないものがありますよ．生のイワシなんて！

* * *

Miso soup with *wakame* seaweed is my favorite on cold mornings.
寒い朝はわかめの入った味噌汁を飲むのが，僕の好みなんです．

Rice with *matsutake* mushrooms is my favorite in autumn.
松茸ごはんが秋の好物なんです．

通訳案内のコツとトレーニング法

話のネタ

たいていの外国人には短くて軽い話題をたくさん話したほうが喜ばれる．日本の紹介にしても，料理なら懐石料理の話から始めたり，歴史といえば王朝絵巻の平安時代から入るというようなパターンだと外国人にはとっつきにくい．コンビニのおにぎりや最近の歴史から入るというように身近な話も必要．語学力は向上しても，実際の応用段階でトピック不足に悩む人は多い．普段から肩の凝らない持ちネタを増やしておくとよいだろう．

居酒屋で乾杯をすることになったら？

ドイツ人の連れと富山市内の居酒屋に入ってビールを飲もうとしたら，日本のビールはあまりお好きではない様子．酒を勧めたらおちょこのサイズも物足りないようで．．．．

CD 29

Shuzo: We always start with beer and then move on to sake or whisky.

Eric: I'd rather try sake right away. **It's hard for Germans to accept beer made with rice.**

Shuzo: I understand. But if it goes well with Japanese food, why not? **Anyway, let me pour your sake.**

Eric: That's very kind of you.

Shuzo: And now you return the favor by pouring my beer.

Eric: Oh, I see.... And now we lift our drinks and say...

Together: *Kampai*!

Shuzo: So how is your first cup of Tateyama sake?

Eric: Delicious. But could I get one of those rice bowls to drink with? **This cup is too small for someone my size!**

Words and Phrases
- ◆ right away　すぐに
- ◆ accept　受け入れる，認める
- ◆ go well with ～　～とよく合う
- ◆ pour　注ぐ
- ◆ favor　好意，親切な行為
- ◆ rice bowl　茶碗

Part 2　1. 一緒に食事をする

We lift our drinks and say . . .

修造：　まずビールから始めて，日本酒やウィスキーに進むのが普通なんだけど．

エリック：　僕はすぐ日本酒を飲みたいね．ドイツ人にとっては，お米が入ったビールなんて認められないんだ．

修造：　なるほど．でも日本食によく合うんだったら，それもいいんじゃない？　まあ，とにかく日本酒を注いであげましょう．

エリック：　そりゃ，ありがたいねぇ．

修造：　僕のビールを注いでお返しをしなくちゃね．

エリック：　あ，そうか．．．．じゃあ，飲み物を持ち上げて言うんだよね．

２人一緒に：　カンパーイ！

修造：　で，「立山」の最初の１杯はどんな味だった？

エリック：　おいしいよ．でも飲むのにあのお茶椀をもらえないかなあ？　この杯は僕のように大きな人間には小さすぎるよ．

🔲 説明のポイント

1. It's hard for Germans to accept beer made with rice. (ドイツ人にとっては、お米の入ったビールなんて認められないんだ)のように日本製のビールに注文をつける外国人がいる。そうした口調に対抗するなら、It's hard for Japanese to accept sushi made with fruit. (日本人にとっては、果物の入ったお寿司なんて認められないんだ)とか、It's hard for Japanese to accept tofu with jam. (日本人にとっては、ジャムを付けた豆腐なんて認められないんだ)ということになるだろう。

2. 相手の飲み物がなくなったり、なくなりそうになったら、黙ってお酌をしてあげるのが日本人の気配り。もっとも、英語圏の国の人に対しては、Let me pour it for you. (お注ぎしましょう)のように一応お伺いを立てたほうがいいだろう。ひと言、Please. (お願いだから)と言っただけで注いだりすると、怪訝に思われることもある。

3. 二日酔いになった外国人の嘆きに、How did I get such a big hangover from such a small cup? (あんな小さな杯で飲んだのに、こんなとてつもない二日酔いになるなんて) がある。

休肝日(dry day)については、Heavy drinkers need to give their livers a rest. (大酒飲みは肝臓を休める必要があります)のように説明するとよい。

Part 2　1. 一緒に食事をする

■ 応用フレーズ
CD 30

We always start with beer and then move on to sake or whisky.
まずビールから始めて，日本酒やウィスキーに進むのが普通です．
We always start with raw fish and then move on to other dishes.
まずお刺身から始めて，ほかの料理に進むのが普通です．
We always start with dinner and then move on to a karaoke bar.
まず夕食を食べてから，カラオケバーに行くのが普通です．

*　*　*

If it goes well with Japanese food, why not?
日本食によく合うんだったら，それもいいんじゃない？
If soy sauce goes well with rice, why not?
おしょう油がご飯によく合うんだったら，それもいいんじゃない？
If this *furoshiki* goes well with your dress, why not?
この風呂敷があなたのドレスによく合うんだったら，それもいいんじゃない？

通訳案内のコツとトレーニング法

乾杯の文句

「～に乾杯」と言うときは，Here's to ～ ! のパターンがよく使われる．Here's to your trip in Japan!（あなたの日本旅行に乾杯！）といった調子だ．冒頭のHere'sを省略して言うことも可能．あらかじめ何か気の利いた文句を考えておくことがベストだが，とっさに振られて何に乾杯するのかよくわからないときは，To anything!（とにかく乾杯！）などとも言える．日本語の *Kanpai*! でもいいだろう．こうした言葉はすぐに覚えてもらえる．

2. 買い物に付き合う
Shopping Together

何を探しているのかと思ったら，招き猫？

中年のイギリス人女性を連れて，岡山市内の商店街でショッピング．カメラや陶器など一般的なものには興味を示さず，日本的な招き猫の置物か何かがほしいという．

CD 31

Harumi: If you're interested in buying a camera, this is a good place.

Agatha: I don't know. I seldom take photos back in Britain.

Harumi: Oh, look. There's somewhere you can get a Bizen-ware teacup for your collection.

Agatha: Oh, lovely. But I'm afraid of breaking it on the way home.

Harumi: Agatha, you seem a bit moody today. Are you worried about your husband?

Agatha: Not at all. It's my pussycat that I miss. And I wanted to bring her one of those cat statues. You know, with one paw raised.

Harumi: You're lucky. **This toy store sells *maneki-neko* piggy banks**.

Agatha: Splendid. I can save up the money I didn't spend on a new camera.

Are you looking for a *maneki-neko*?

はるみ： カメラを買いたいようなら，ここがいいわよ．

アガサ： どうかしら．イギリスにいるときだってめったに写真を撮らないから．

はるみ： ねぇ，見て．備前焼のティーカップならコレクションにできるんじゃない．

アガサ： あら，素敵だこと．でも帰るときに壊れてしまうんじゃないかしら．

はるみ： 今日はちょっとご機嫌斜めなんじゃない．ご主人のことが気がかりなの？

アガサ： いいえ，ちっとも．私の猫ちゃんがいないから寂しいのよ．で，例の猫の置物を買っていってあげたいの．あの片足を上げている．．．．

はるみ： あなた，ついてるわよ．このおもちゃ屋さんに招き猫の貯金箱があるわ．

アガサ： 気に入ったわ．カメラにお金を使わなかった分も貯金できるしね．

Words and Phrases
- ◆seldom〜　めったに〜しない
- ◆moody　不機嫌な
- ◆pussycat　猫ちゃん
- ◆paw　（動物の）足
- ◆piggy bank　貯金箱
- ◆save up　貯金する

🔲 説明のポイント

1. ショッピングのお勧め品は，If you're interested in buying 〜 のように始めると，いろいろに応用できる．If you're interested in buying Japanese tea, Uji is a good place.（日本茶を買いたいのなら，宇治がいいですよ）といった具合だ．

　もっとも，外国人の多くは「ここへ来たらこれを買わなければ」といった気持ちはあまり強くない．日本人の定番になっているまんじゅうや漬け物なども好き嫌いがある．好きになるまでに時間がかかるような味は，an acquired taste と言うからである．acquire は「身に付ける」という意味．ある程度時間がかかるわけだ．

2. 「招き猫」は welcome cat や beckoning cat とも訳せる．Its left paw is raised to welcome people into restaurants and shops.（左足を上げてお客をレストランやお店に迎え入れています）といった説明を加えてもよい．

　もっともその仕草は，Does that mean goodbye?（あれは「グッドバイ」をしているか？）などと間違われるかもしれない．そんなときは，Just the opposite. It's saying, "Come here, come here."（その反対です．「おいでおいで」なんですよ）と答えてあげよう．

3. 縁起物には decorative bamboo rake（熊手）や round Dharma doll（だるま）などもある．People in business put these charms in their shops to bring good luck.（商売人たちは幸運を願って，こうした縁起物を店に飾ります）

■応用フレーズ

CD 32

If you're interested in buying a camera, this is a good place.
カメラを買いたいようなら，ここがいいですよ．

If you're interested in buying a DVD, Akihabara is a good place.
DVDを買いたいようなら，秋葉原がいいですよ．

If you're interested in buying folk pottery, Mashiko is a good place.
民芸調の陶器を買いたいようなら，益子がいいですよ．

* * *

There's somewhere you can get a Bizen-ware teacup for your collection.
備前焼のティーカップならコレクションにできるんじゃないの．

There's somewhere you can get another doll for your collection.
もう1つ人形を買えばコレクションにできるんじゃないの．

There's somewhere you can get a Nishijin tie for your boyfriend.
ボーイフレンドに西陣のネクタイなんてよさそうじゃないの．

通訳案内のコツとトレーニング法

洋菓子のお土産

　外国にあるようで実はないものが日本の洋菓子．バームクーヘンでもマドレーヌでも日本のものはパッケージがきれいで繊細な味がする．おまんじゅうやおせんべいには興味を示さない外国人にも，こうしたものなら歓迎されることも多い．値段も手頃で，お国に帰って友人たちとティータイムを持ったときのいいお茶請けになるだろう．子供向けには飴やチューインガム，それにポッキーなどの菓子類も喜ばれる．

着物が高くて買えないときは？

京都土産に着物がほしいというロシア人女性．でも値段が高くて手が出そうにない．浴衣を勧めたら，もっと豪華なものがいいと不満顔．何か喜ばれる名案はないだろうか？

CD 33

Kachusha: I fell in love with all the kimonos that I saw at that dance show.

Shingo: Kyoto's kimonos are of the highest quality. **It takes several skilled workers to produce one kimono**.

Kachusha: That's probably why the prices are sky-high.

Shingo: Maybe these cotton *yukata* are more in your price range. They're more practical for everyday use, as well.

Kachusha: They're pretty, but I had my heart set on something more fancy.

Shingo: I know just the thing, then. Look over here.

Kachusha: **Dolls in kimonos!** They're as cute as our Matrioshkas.

Shingo: The price is right. And you don't have to worry about alterations.

Part 2　2. 買い物に付き合う

What do you recommend other than a kimono?

カチューシャ：　日本舞踊のショーで見た着物がどれも気に入ってしまったわ．

真吾：　京都の着物は最高の品質だからね．着物を1着こしらえるのに腕のいい職人さんの手が何人も必要になるんだ．

カチューシャ：　それでこんなに値段が張るというわけね．

真吾：　たぶんこの木綿の浴衣のほうが，君の予算に合ってるんじゃないかな．それに日常着られるから，こっちのほうが実用的だよ．

カチューシャ：　きれいだけど，もっと豪華なものがほしいのよ．

真吾：　じゃあぴったりのものがあるよ．これを見てごらん．

カチューシャ：　着物を着た人形だわ！　ロシア人形みたいにかわいいじゃない．

真吾：　値段もちょうどいいよ．それに，寸法直しの必要もないしね．

●●●
Words and Phrases
◆fall in love with 〜　〜が好きになる
◆of the highest quality　最高品質の〜
◆sky-high　非常に高い
◆range　範囲
◆have one's heart set on 〜　〜をほしがる
◆Matrioshka　木製のロシア人形
◆alteration　寸法直し

🗒 説明のポイント

1.「着物」はわざわざJapanese traditional clothing（日本の伝統的な衣装）などと言い換えなくても，kimonoでそのまま通じる．晴れやかな着物姿の女性を見て，The kimono is a walking art gallery.（着物は歩く美術館です）と形容した人もいる．

　ただ，お土産にするにはちょっと高いのが難点．外国人向けに竜の刺繍の付いたポリエステルの着物などもあるが，これはどうもいただけない．こうしたお土産のことをtouristyと言ったりする．これで正式の晩餐会などに出てこられたらエライことになる．

2. It takes ～ to ....のItは労力を表わしている．It takes several skilled workers to make one folding fan.（扇子を1本こしらえるのに腕のいい職人さんの手が何人も必要になるんだ）というように応用が利く．

3. 着物に付き物の帯はkimono sashのように訳せる．あらかじめ形ができている「簡易帯」については，This sash is already tied for you.（この帯はもう締めてあります）と言えばいいだろう．「簡易ネクタイ」のことをclip-on tieと呼ぶので，clip-on sashのようにも表現できる．

4.「京人形」は a Kyoto doll dressed in a fancy kimono（きれいな着物を着た京都の人形）のような言い方ができる．They make the costume separately.（着衣は別に作って付ける）という特徴を加えるといいだろう．

■応用フレーズ

CD 34

It takes several skilled workers to produce one portable shrine.
おみこしを1基こしらえるのに腕のいい職人さんの手が何人も必要になります。
It takes several skilled cooks to produce one *kaiseki* meal.
懐石料理を1人前作るのに腕のいい料理人の手が何人も必要になります。

     * * *

Maybe a teacup set is more in your price range.
たぶん湯飲み茶碗セットのほうが，君の予算に合ってるんじゃないかな．
Maybe a bowl of noodles is more in your price range.
たぶんおそばのほうが，君の予算に合ってるんじゃないかな．

通訳案内のコツとトレーニング法

真珠王のエピソード

　外国人をショッピングに案内するときは，その品物にまつわる話を用意しておくと喜ばれる．例えば，御木本真珠の創始者で「真珠王」と呼ばれた御木本幸吉は，明治天皇の前で語った「世界中の女性の首を真珠でしめてごらんにいれます」(I'm going to have my cultured pearl necklaces on the necks of women all over the world.)など数多くの名言を残している．89歳で英会話を習ったり，91歳で水泳を楽しんだりといった逸話も豊富．

クールな買い物って何だろう？

カリフォルニアから来た女性と原宿で買い物．日本語の文字が入ったTシャツに興味がありそうだが，「一番」などと書いたものはダサイという．すると目に入ったのは...？

CD 35

Michiyo: When you say you want a T-shirt, what exactly do you have in mind?

Barbara: **Definitely something with Japanese writing.**

Michiyo: How about one of those T-shirts with "Ichiban" on it?

Barbara: In L.A., "Ichiban" is passé. I'm looking for a shirt that's experimental.

Michiyo: Then you won't be interested in this shop with the comic character goods.

Barbara: Wait a minute. **The cat on this shirt is totally cool!**

Michiyo: "Hello Kitty"? Is that your idea of something experimental?

Barbara: For sure. A cute kitty with no mouth is a perfect role model for my noisy 11-year-old sister.

Part 2 2. 買い物に付き合う

What's the cool thing to buy?

道代： Tシャツが欲しいと言うけど，具体的にはどんなものがいいの？

バーバラ： 絶対に日本語の文字が書いてあるものよ．

道代： あそこにある「一番」って書いてあるのはどう？

バーバラ： ロサンゼルスでは「一番」はもう古いわ．もっと前衛的なものがいいわね．

道代： じゃあ，マンガのキャラクター商品が並べてあるこのお店は興味ないでしょうね．

バーバラ： ちょっと待って．このTシャツの猫ちゃんは，いい線いってるわよ．

道代： 「ハローキティ」が？ それがあなたの前衛的なものというわけ？

バーバラ： もちろんよ．口のないかわいい猫ちゃんは，11歳になる私のうるさい妹のいいモデルになれるわ．

Words and Phrases
◆ have ～ in mind　～のことを考えている
◆ writing　書くこと，文字
◆ passé　流行遅れの
◆ experimental　前衛的な，実験的な
◆ cool　かっこいい
◆ role model　役割モデル，手本

🔠 説明のポイント

1. 日本語の文字が入ったTシャツはロマンチックだと言う人もいる．手ぬぐいなども同様だが，書いてある文字は決してそうではない．過激なものでは「神風」や「闘魂」などと書いてある．

なお，「手ぬぐい」はface towelと言うのがいいだろう．外国の「フェイス・タオル」よりは長め．washclothでもいいが，イギリスでは「ふきん」という意味もある．

2. アメリカ人の若い人は，「かっこいい」を意味するcoolやradといった形容詞にdefinitely（絶対に）やtotally（まったく）などの副詞を付けて，さらに誇張する傾向がある．

3. 日本では「かわいい！」というものが売れていて，アジアなどのファッションにも大きな影響を与えている．Japanese of both sexes and all ages love cute things. Many women in their 20s are still crazy about cute cartoon characters and girlish fashions.（日本人には性別や年齢を問わず，かわいいものが受けています．20代の女性の多くは，かわいいマンガのキャラクターや少女趣味のファッションにまだ熱を上げています）のようにも言えるだろう．人気キャラクターの「ハローキティ」は，海外進出をしているので，外国人にもよく知られている．

4. 日本人のブランド信仰はまだまだ健在．Japanese have strong, sometimes fanatic brand loyalty.（日本人には根強い，時には狂信的なほどのブランド信仰があります）

■■ 応用フレーズ

CD 36

When you say you want a kimono, what exactly do you have in mind?
着物がほしいと言うけど,具体的にはどんなものがいいですか？

When you say you want some Japanese food, what exactly do you have in mind?
日本食が食べたいと言うけど,具体的にはどんなものがいいですか？

*　　*　　*

Is that your idea of something creative?
それがあなたの創造的なものというわけですか？

Is that your idea of something typically Japanese?
それがあなたの典型的に日本的なものというわけですか？

通訳案内のコツとトレーニング法

和製英語のリフォームが必要

　ファッション関係の用語には和製英語が多いので,混同しないように注意が必要．正しく言うなら,「ワイシャツ」はdress shirt,「トレーナー」はsweatshirt,「Gパン」はjeansとなる．「LL」のサイズはextra largeと言う．表示も「XL」のように異なっている．日本語では「洋服をリフォームします」と言ったりするが,既製服の寸法直しを頼む時はCan you alter it? のように表現する．

クリスマスプレゼントは何にする？

クリスマス時期の商店街．いたるところにイチゴケーキがあるのを見てびっくりするモンタナ州出身のアメリカ人．プレゼントにはゴジラの缶詰なんていうのもあるけど．．．．

CD 37

Paul: Look at all the strawberries on these cakes! And in winter, yet!

Akemi: Winter is strawberry season—at least here in Japan. What are your Christmas cakes like in Montana?

Paul: I don't know. **I've never had cake for Christmas.** Hey, a lottery!

Akemi: **It's our local year-end lottery.** The prize is a trip to Hawaii.

Paul: That sounds nice and warm. Let's give it a try.

Akemi: You have to buy something first. Here, this might make a good gift for your brother.

Paul: **Canned Godzilla?** No, I think we'd better get one of those Christmas cakes. I wanna write home about strawberries in winter.

Words and Phrases
- ◆lottery　くじ
- ◆nice and warm　とても暖かい
- ◆give it a try　やってみる
- ◆canned　缶入りの
- ◆write home　家族に手紙を書く

What should we get for a Christmas present?

ポール： ケーキにのっかってるイチゴの多いこと．まだ冬なんだけど．

明美： 日本ではとにかく，冬もイチゴのシーズンなのよ．モンタナ州のクリスマスケーキってどんなふうなの？

ポール： わかるわけないよ．クリスマスにケーキを食べたことなんてないからね．おや，くじ引きをやってるね．

明美： 地元の歳末福引セールなの．ハワイ旅行が当たるのよ．

ポール： ハワイと聞くだけでホッカホカの気分になるね．運試しをしてみようよ．

明美： 先に何か買わないとダメよ．これ，弟さんにいいプレゼントになりそうだけど．

ポール： ゴジラの缶詰だって？ いやだよ．クリスマスケーキを買ったほうがいいね．冬のイチゴについて家族に手紙を書くことにするよ．

🔡 説明のポイント

1. 日本のクリスマスにはケーキが付き物だが，アメリカではそうした決まりはない．冬がものすごく寒いモンタナ州などでは，イチゴがのったクリスマスケーキなど想像もできないだろう．アメリカではケーキよりもむしろ，Christmas cookie（クリスマスクッキー）を食べるのが習慣になっている．

2. 「福引セール」については，Stores use lotteries to get more customers. The prize depends on the color of the ball that comes out of the drum.（商店街がお客をたくさん集めるために福引をするんです．円筒形の容器から出て来る玉の色によって景品が違ってきます）のような説明が可能だ．

次のような落ちを付けてもよいだろう．You probably won't get the trip to Hawaii, but at least you'll get a package of tissue paper.（ハワイ旅行は当たらないかもしれませんが，少なくてもティッシュペーパーはもらえるでしょう）

3. ゴジラの缶詰を売り出した玩具メーカーがある．Takara Co., a Tokyo toy maker, produces "Godzilla Meat." It's a 3.5 ounce can of corned beef with pictures of the monster on the package.（東京の玩具メーカーのタカラが「ゴジラの肉」を製造しています．パッケージに怪物の絵が描かれている3.5オンス〔1オンス＝28グラム〕のコンビーフのことですけど）．本物のゴジラの肉だったら，狂牛病よりも放射能のほうが心配だ．

■ 応用フレーズ

CD 38

Winter is strawberry season—at least here in Japan.
日本ではとにかく，冬もイチゴのシーズンなんです．
Winter is festival season—at least here in Chichibu.
秩父ではとにかく，冬もお祭りのシーズンなんです．
Summer is dry—at least here in Hokkaido.
北海道ではとにかく，夏も乾燥しているんです．

*　　*　　*

This might make a good gift for your brother.
これ，弟さんにいいプレゼントになりそうですけど．
A pearl brooch might make a good gift for your wife.
真珠のブローチは奥さんにいいプレゼントになりそうですけど．
A *kokeshi* doll might make a good gift for your daughter.
こけしの人形はお嬢さんにいいプレゼントになりそうですけど．

通訳案内のコツとトレーニング法

奇数のセット

「どうして茶碗が5個セットなのか？」といった質問を外国人から受けると，日本人との視点の違いに面食らってしまう人も多いだろう．アメリカなどでは奇数のセットは珍しく，ほぼカップル（2）の倍数で売られている．彼らにすれば当然の質問なのだ．割り切れる数は別れ（separation）や決裂（rupture）を表わすので奇数のほうが縁起がいい，といったふうな説明をして納得してもらうしかない．

3. 観光案内をする
Seeing the Sights

歩いて行く？ それとも電車で行く？

新宿のホテルに勤める美由紀さんに，デンマーク人の宿泊客が歌舞伎について聞きにやって来る．歌舞伎座まで歩いて行くというが，どうやら勘違いをしている様子．

CD 39

Terry: I want to go see Kabuki. Are the daytime and evening programs very different?

Miyuki: The morning show features colorful dance pieces, while the evening offers more dramatic works.

Terry: Maybe the morning program is better for a beginner.

Miyuki: I agree. How do you plan to go? By subway?

Terry: I plan to go in my Ecco shoes. My map says it's close to Shinjuku station.

Miyuki: **I'm afraid you're confusing Kabuki with Kabukicho.** That's an entertainment district with lots of bars and clubs.

Terry: Oh, I don't want to go there!

Miyuki: I don't recommend it. **To get to the Kabukiza Theater, take the Marunouchi subway line to Ginza station and walk 10 minutes from there.**

Part 2　3. 観光案内をする

On foot or by subway?

テリー：　歌舞伎を見たいんですが．昼の部と夜の部ではずいぶん違うんですか？

美由紀：　昼の部は色彩豊かな踊りが呼び物で，夜の部は芝居がかりの濃い作品が演じられます．

テリー：　じゃあ，初心者には昼の部のほうがよさそうですね．

美由紀：　そうですね．どうやって行かれるんですか？　地下鉄に乗って？

テリー：　エコーの靴を履いて歩いて行きます．地図で見ると，新宿駅の近くですから．

美由紀：　歌舞伎を歌舞伎町と混同なさっているようですわ．そこはバーやクラブの多い歓楽街ですよ．

テリー：　おや，そこに出かけるつもりはないですね．

美由紀：　お勧めしません．歌舞伎座に行くには，地下鉄丸の内線の銀座駅で降りて10分ほど歩いたところです．

Words and Phrases
◆daytime　昼間(の)
◆feature　呼び物にする
◆Ecco　エコー（＝環境への負担が少ない素材を利用した靴を作るデンマークの有名なブランド）
◆confuse～with…　～を…と混同する
◆entertainment district　歓楽街

▦ 説明のポイント

1. 外国人観光客は,日本の地名をよく混同してしまう.東京に滞在中,I easily get Asakusa confused with Akasaka.(「アサクサ」と「アカサカ」がすぐにこんがらかる)などと言ったりするのも1つの例.

　もっとも,ダイアローグのように,新宿の歌舞伎町に歌舞伎座が存在すると思うのも無理はない話.戦後,歌舞伎町にある現在のコマ劇場のあたりに歌舞伎座の誘致話があり,実現はしなかったが,その名が先行して残ったからである.

2. 交通手段を聞かれて,一番いい方法を勧めるとき,冒頭にYour best bet is ~. という言い方も覚えておこう.Your best bet is to take the Marunouchi subway line to Ginza station.(一番いいのは地下鉄丸の内線で銀座駅に行くことです)といった調子だ.Your best bet is take a bullet train to Niigata station and change to a local train.(一番いいのは新幹線で新潟まで行って在来線に乗り換えることです)といったふうに応用が利く.

3. 山手線を利用した安上がりの東京観光.It takes about an hour to circle the city the sneaky way. Buy the cheapest ticket on the Japan Railway Yamanote loop line for one dollar and travel to the next station the long way around.(うしろめたい方法ですが,1時間で都内をひと回りできます.JR山手線の一番安い切符を1ドルで買って,次の駅まで逆方向に乗るわけです)と言ってもよいだろう.

■ 応用フレーズ

CD 40

I'm afraid you're confusing *oden* with *udon*.
おでんをうどんと混同なさっているようです．
I'm afraid you're confusing kimono with *yukata*.
着物を浴衣と混同なさっているようです．

*　*　*

To get to Daitokuji Temple, take the Karasuma subway line to Kitaoji station and get a taxi there.
大徳寺に行くには，地下鉄烏丸線の北大路駅で降りてタクシーに乗ってください．
To get to Ritsurin Park, take the Yosan line to Takamatsu station and change to the streetcar.
栗林公園に行くには，予讃線の高松駅で降りて市電に乗り換えてください．

通訳案内のコツとトレーニング法

道案内は命令形

　外国人に道順を教えるときは命令形を使って，Go straight. のように言う．命令形という言葉を聞くと，「～しろ！」とか「～して！」といった感じの有無を言わせぬ指示のことを連想しがちだが，そうでないこともある．この場合も命令形だからといって，「まっすぐ行け！」といったニュアンスはない．相手の得になるような指示を与える時などは，命令形を使ってもいっこうに構わないわけだ．please を付けたりするとかえって不自然．

ドライブ旅行をスイスイ楽しむには？

　免許取りたてだけどカーナビが強い味方となり，目的地の金沢まではスイスイ．ところが，駐車場に車を止めて歩いているうちに，道に迷ってしまう．

CD 41

Brandon: For someone who's just learned to drive, you're good at navigating these narrow streets.

Kazuo: It's all thanks to my car navigator. The problem is, where do we go from here?

Brandon: Didn't the car navigator say we had to go down that street?

Kazuo: I thought it said the other way.

Brandon: But isn't the temple supposed to be near the Sai River?

Kazuo: Wait. We're in luck. There's a police box by the park.

Brandon: Why do we want to go to a police box?

Kazuo: When maps and car navigators fail, we can always rely on the local police.

Words and Phrases
- ◆navigate　通り抜ける
- ◆thanks to ～　～のおかげで
- ◆car navigator　カーナビ
- ◆in luck　運がよい
- ◆police box　交番
- ◆rely on ～　～を頼りにする

Part 2　3. 観光案内をする

How do you get around by car?

ブランドン：　運転免許の取りたてにしては，こんな狭い道をうまく通り抜けるじゃないか．

一夫：　すべてカーナビのおかげだよ．問題はここからどこへ進んだらいいかということなんだ．

ブランドン：　カーナビではあの道を行くようになっていなかったかい？

一夫：　反対方向だと思ったけど．

ブランドン：　だけど，お寺は犀川の近くにあるはずじゃなかったかな？

一夫：　待って．ついてるよ．公園のそばに交番がある．

ブランドン：　どうして交番に用があるんだい？

一夫：　地図もカーナビもうまくいかなければ，いつだって地方の警察が頼りになるんだよ．

🔠 説明のポイント

1. 近頃，新車の標準装備としてカーナビが取り付けられることが多い．おかげで初心者でも目的地にうまくたどり着けるようになった．

車に付ける「初心者マーク」は次のように説明しよう．For one year after getting a driver's license, you have to put a green and yellow sticker on your car window.（運転免許を取って1年未満の人は，車の窓に緑と黄色のステッカーを貼ることになっています）

greenhornは「新米」という意味なので，It warns everyone that you're a greenhorn.（あなたは新米だということの警告になります）のように言えば，ステッカーの色とのシャレになる．

2. 日本には白い車が多いと外国人はよく指摘する．確かに言われてみればその通り．理由としては，White doesn't stand out, and it goes well with other colors.（白はあまり目立たず，どの色ともよく合います）のように答えるといいだろう．

3. 交番は迷子になったときに重宝する．Talk to the officers at a police box if you need directions or help. These little offices are usually near stations, schools or busy downtown streets.（道順を聞いたり困ったときなどは，交番の巡査に相談するのがいいでしょう．たいてい，駅や学校，それに繁華街などの近くにあります）と説明しよう．その数は国内に約6500．アメリカのホノルルやボルチモアなどにもお目見えしている．

■ 応用フレーズ

CD 42

It's all thanks to my car navigator.
すべてカーナビのおかげです．
It's all thanks to my travel agent.
すべて旅行会社のおかげです．
It's all thanks to the good weather.
すべて好天に恵まれたおかげです．

* * *

We're in luck. There's a police box by the park.
ついてますね．公園のそばに交番があります．
We're in luck. There's a bus stop in front of the park.
ついてますね．公園の前にバス停があります．
We're in luck. There's a noodle shop across from the park.
ついてますね．公園の向こうにおそば屋があります．

通訳案内のコツとトレーニング法

迷子対策

団体客がはぐれないように旗を持つガイドが多いが，子供の日の前にスーパーなどで売られている小さな鯉のぼりも代用になる．見た目にも楽しいので外国人に人気がある．どこにいてもカラフルでよく目立つのがいい．ほかにも招き猫が描かれたお手製の旗や，ちょうちんを使ったりと工夫しているガイドもいる．こうした小道具はお客との会話の材料にもなるので，まさに一石二鳥というわけである．

お城に案内して，将軍のことを聞かれたら？

　サムライ映画が好きなテキサス州出身の青年を連れて大阪城の案内．もっともシャチホコなどに詳しいわりには，天皇と将軍の違いがわかっていなかったりする．

CD 43

Mayumi: You know a lot about those *shachihoko* tiles on the roof, Kirk. You've certainly done your homework!

Kirk: Yeah, I'm into samurai movies. Give me a sword, not a cowboy pistol! So, which part of the castle did the Emperor live in?

Mayumi: Actually, this castle was built by the Shogun, not the Emperor.

Kirk: What's the difference between a Shogun and an Emperor?

Mayumi: Well, the Shogun was sort of the head of all the samurai.

Kirk: Cool! So did they have one of those floors that squeaks when a ninja comes to kill the Shogun?

Mayumi: I'm not sure if the original had a "nightingale floor." What you see here is a concrete reproduction.

Kirk: Hey, it's good enough for me. I'm already beginning to feel like a real samurai!

Part 2 3. 観光案内をする

Who is the Shogun?

真由美：　屋根のシャチホコについてずいぶん詳しいじゃない．ちゃんと勉強したようね．

カーク：　うん．サムライ映画が大好きだから．僕にはカウボーイの拳銃じゃなくて，日本刀のほうが似合うんだ．で，お城のどのへんに天皇は住んでいたの？

真由美：　この城は将軍によって建てられたのよ，天皇じゃなくて．

カーク：　将軍と天皇の違いって何なの？

真由美：　ええっと，将軍とは侍全部の統轄者のようなものだったのよ．

カーク：　かっこいいねぇ．忍者が将軍を暗殺にやってくると，キーキー音がする床もあるのかなぁ？

真由美：　元のお城にウグイス張りの床があったかどうかは分からないわ．現在のものはコンクリートで復元されてるから．

カーク：　僕にはこれで十分だよ．本物の侍みたいな気持ちにもうなってきてるもん．

Words and Phrases
◆be into ～　～に熱中している
◆the Emperor　天皇
◆squeak　キーキー鳴る
◆nightingale　ウグイス
◆reproduction　復元(物)

🔲 説明のポイント

1.「シャチホコ」はlegendary dragon-headed fish(伝説上の竜の頭を持つ魚)と言える．Why are those fish placed on the castle roof?(どうして城の屋根にあのような魚を置くのか?)と聞かれたら，They're supposed to give protection from fire.(防火の意味があるのです)のように答えるといいだろう．

　交通安全のお守りについて尋ねられたときは，It's supposed to give protection from traffic accidents.(交通事故から身を守ってくれるという意味があるのです)といったふうに表現できる．

2. サムライ映画を見て育った外国人は，日本で何が見たいかというと，とりあえずお城．現在，元の天守閣を持っている城は日本に12ある．複元する場合は，大阪城のようなコンクリート造りは味気ないので，できるだけ避けてほしいものだ．

　なお，「天守閣」は普通donjonと訳されている．難しい言葉なので，キョトンとされたら，main towerと言い直すようにするといい．

3. The Shogun was sort of the head of all the samurai.(将軍とは侍全部の統轄者のようなものよ)というセリフがダイアローグにあった．日本のものを英語にするとき便利なのがsort of. The *ronin* was sort of a lone samurai.(浪人とは一匹狼の侍みたいなものです)のように言えばよい．

■■ 応用フレーズ
CD 44

Actually, this castle was built by the Shogun, not the Emperor.
実はこの城は将軍によって建てられました，天皇ではなくて．

Actually, this castle is made of concrete, not wood.
実はこの城はコンクリートでできています，木ではなくて．

Actually, this castle was built for show, not defense.
実はこの城は力を誇示するために建てられました，防衛のためではなくて．

* * *

The Shogun was sort of the head of all the samurai.
将軍とは侍全部の統轄者のようなものでした．

The *daimyo* was sort of the local governor.
大名は知事のようなものでした．

Todaiji was sort of a university.
東大寺は大学のようなものでした．

通訳案内のコツとトレーニング法

江戸時代は何世紀？

　日本の年号をそのまま言っても，ほとんどの外国人にはピンと来ない．単に「江戸時代」でなく，the Edo period from the 17th to the 19th century（17世紀〜19世紀の江戸時代）のように補足することが肝心．また外国の歴史的事件と年代的な背景を対比させながら説明すると理解してもらいやすい．例えば，1867年の大政奉還をアメリカ人に語るときは，「アメリカがロシアからアラスカを買った年」のように説明するわけである．

お寺と神社の違いって何だろう？

日本の観光というと神社仏閣が中心．お寺と神社の特色についてよく聞かれるのでまとめておいたほうがよい．連れのイタリア人には，かしわ手を打つ理由を尋ねられた．

CD 45

Domenic: People didn't clap at the first place we went to, but they're clapping here. Why?

Hiroyuki: That was a Buddhist temple, this is a Shinto shrine. **We always clap when we pray to Shinto gods.**

Domenic: What is a Shinto shrine doing inside a Buddhist temple compound?

Hiroyuki: It's hard to explain, but Shintoism and Buddhism have lived in harmony for centuries.

Domenic: Europeans could learn something from Japanese. So which do you believe in, the gods or the Buddhas?

Hiroyuki: To be honest, I can't say I really believe in either of them.

Domenic: I'm the same way. **But let's pretend it's the Trevi Fountain and throw in a coin anyway.**

Part 2　3. 観光案内をする

Is this a temple or a shrine ?

ドメニック：　最初に行った場所では手をたたかないのに，ここではみんな手をたたいているね．どうしてだい？

浩之：　さっきのはお寺で，今度は神社だからさ．神道の神様に向かって拝むときはいつも手をたたくことになってるんだ．

ドメニック：　お寺の境内に神社があるのはどうして？

浩之：　なかなか説明するのが難しいんだけど，神道と仏教が何世紀にもわたってうまく共存しているからだよ．

ドメニック：　ヨーロッパ人は日本人から何か学ぶことがありそうだね．で，どっちを信じてるんだい？　神様かい，仏様かい？

浩之：　正直言って，どっちもあまり信じてないんだ．

ドメニック：　僕もだよ．でもまあ，ここがトレビの泉だと思ってコインを投げ入れようじゃないか．

Words and Phrases
◆clap　手をたたく
◆Buddhist　仏教徒，仏教の
◆Shinto　神道，神道の
◆compound　境内
◆to be honest　正直に言うと
◆pretend　装う

🔲 説明のポイント

1. 当たり前すぎて,普段考えていなかったことを尋ねられると答えに窮することがある.お賽銭箱の前で手をたたく習慣について,浩之さんの答えも舌足らず.It's to get the gods' attention.(神様の注意を引くためです)との理由も言ったほうがよかった.もっともそんなふうに言うと,Is it because the gods are sleepy-heads?(神様は眠たがり屋だからか?)と突っ込まれることもあるけど….

If I were a god, I wouldn't like to be called like that.(もし私が神様なら,あんなふうに呼び出されるのはうれしくないわ)のようなひと言も笑いを誘う.

2.「賽銭箱」は,offering box とか offertory box と言うといいだろう.お賽銭には5円玉が一番人気があることの理由として,*Goen*, the word for five yen, can also mean a connection with the god or Buddha.(5円という言葉の「ゴエン」には,神様や仏様とご縁を持つという意味もあります)と説明しよう.

3. お寺と神社の違いで際立っているのが,お寺でよく見かける五重塔(five-storied pagoda)や神社のシンボル,鳥居(shrine gate)の存在ということになる.五重塔はもともと釈迦の遺骨(the holy relics of Buddha)を納めたところ.鳥居の説明で,2本の柱を結んだ「横木」のことは crossbeam と言う.

Part 2　3. 観光案内をする

■■ 応用フレーズ

CD 46

That was a Buddhist temple, this is a Shinto shrine.
さっきのはお寺で，今度は神社です．

That was an ancient image, this is a modern copy.
さっきのは古い像で，これは模造品です．

That was a bullet train, this is a local train.
さっきのは新幹線で，今度は在来線です．

　　　　　　　＊　　＊　　＊

To be honest, I can't say I really believe in either of them.
正直言って，どっちもあまり信じていません．

To be honest, I can't say I really like raw fish.
正直言って，お刺身はあまり好きではありません．

To be honest, I can't say I really enjoy traditional music.
正直言って，伝統的な音楽はあまり好きではありません．

通訳案内のコツとトレーニング法

おみくじの英訳

　外国人の観光客に人気のあるおみくじ．日光の東照宮や奈良の春日大社などには英文のものまである．しかし，たいていは日本語のままなので，外国人客を神社仏閣に案内したときなどは翻訳に忙しくなる．困るのは「旅立ち悪し」と出ているときだ．こんなときは機転を利かして，Traveling may bring you many surprises.（今回のご旅行ではいろいろな驚きがあることでしょう）のように訳してあげたほうがいいかもしれない．

富士山頂で初日の出を拝むことになったら？

ケニア人とともに大晦日からの富士登山．山小屋で紅白歌合戦のラジオ放送を聞き，年越しそばを食べたあと，しばしうたた寝．ようやく初日の出の時間となったようだ．

CD 47

Makoto: Leo, were you asleep?

Leo: Half asleep, dreaming of Mt. Fuji. Or was it Mt. Kilimanjaro?

Makoto: I thought you might be tired out from the long climb up.

Leo: I am, but I'm also excited. How often do I get to do this? **Listen to a song contest, eat buckwheat noodles and climb a sacred mountain all on one night?**

Makoto: Only once a year at the most! The weather forecast said it would be cloudy, but it looks like we'll have fine weather.

Leo: You're right. It's beginning to get light in the east.

Makoto: **Then, get ready to pray for a good year when the sun comes up.**

Leo: I will. In fact, it's already turning out to be the best New Year I've ever had.

Part 2　3. 観光案内をする

Let's see the first sunrise from Mt. Fuji.

誠：　レオ，寝てたの？

レオ：　半分は富士山の夢見心地でね．それともキリマンジャロの山だったのかなぁ？

誠：　長い時間をかけて山登りをしたんで，疲れたんじゃないかと思ってね．

レオ：　そうだね．でも，ワクワクしてるんだ．何回，経験できることなのかな？　ひと晩のうちに歌合戦を聞いて，そばを食べて，神聖な山に登るなんてね．

誠：　せいぜい1年に1度だけさ．天気予報では曇りだったけど，晴れそうじゃないか．

レオ：　本当だ．東のほうが明るくなってきたよ．

誠：　じゃ，太陽が顔を見せたら，よい年になるように祈る準備をしたほうがいいね．

レオ：　そうするよ．実を言うと，もう今までで最高の年を迎えているんだけどね．

・・

Words and Phrases
- ◆asleep　寝入って
- ◆Mt. Kilimanjaro　キリマンジャロ（アフリカのタンザニアにある最高峰で高さ5895メートル）
- ◆get to ~　~ができる
- ◆sacred　神聖な
- ◆at the most　多くて，せいぜい
- ◆weather forecast　天気予報
- ◆turn out ~　~になる

🏠 説明のポイント

1.「紅白歌合戦」は，NHK ends each year with the popular "Red-and-White Song Contest" between the red team of female stars and the white team of male stars. (人気女性歌手の赤組と人気男性歌手の白組によるNHK放送の「紅白歌合戦」は毎年の恒例です) のように説明するとよいだろう．

2. 年越しそばについては，Long buckwheat noodles, eaten just before midnight, symbolize long life. (真夜中近くに食べる長いそばは長寿を祈るものです) の説明が可能だ．If I have two helpings, I'll live twice as long! (お代わりをすれば，2倍長生きできます) と付け加えれば，軽い冗談になる．

3. 宗教的な意味合いのある富士登山はただの登山ではない．年間30万人もの人が押し寄せるほどで，大晦日から元旦にかけてはまるで銀座のようなにぎわい．山頂の初日の出を拝みにやって来るからだ．It's good luck to see the first sunrise of the year from anywhere, but especially from Mt. Fuji. (初日の出はどこから見ても意義深いものですが，特に富士山で見る初日の出が格別です) ということになる．

有名な格言を1つ．Everyone should climb Fuji once, but only a fool climbs it twice. (富士に1度も登らぬ馬鹿，2度登る馬鹿)

■ 応用フレーズ

CD 48

I thought you might be tired out from the long day shopping.
長時間かけてショッピングしたんで、疲れたんじゃないかと思いました。
I thought you might be tired out from the long flight.
長時間のフライトだったんで、疲れたんじゃないかと思いました。

*　*　*

The weather forecast said it would be partly cloudy, but it looks like we'll have rainy weather.
天気予報では時々曇りでしたが、雨になりそうですね。
The weather forecast said it would be clear, but it looks like we'll have snow.
天気予報では晴れでしたが、雪になりそうですね。

通訳案内のコツとトレーニング法

視界ゼロ

　富士山の観光が悪天候にたたられ、霧で何も見えないときは、芭蕉の「霧しぐれ富士を見ぬ日ぞ面白き」を紹介することにしている。Misty drizzling rain, How delightful it is, When Mt. Fuji is not in sight. 悪天候の時には必須の句だ。The Fuji in our mind is more beautiful than the real thing.（本物よりも心の中にある富士山のほうがきれいですよ）とひと言付け加えるようにする。

村祭りでおみこしを見つけたときは？

インド人の女性を連れて，新潟の村でお祭りを見物．神様に豊作を願い，豊作をもたらしてくれたことに感謝するための昔ながらの行事だ．そこに加わった新しい伝統とは？

CD 49

Padma: So this festival is to thank the gods for the harvest of, what was it? Hoshihikari rice?

Sakiko: It's Koshihikari. The festival's also held to pray for a good harvest next year.

Padma: And is this cry "Washoi" some sort of a magical word?

Sakiko: It doesn't mean anything, really. It's a way of concentrating everyone's energy.

Padma: And everyone wears the same headbands and short coats as they pull that little juggernaut.

Sakiko: Yes, everything's done as it was hundreds of years ago. **Except now women help carry the portable shrine, too.**

Padma: Women with light brown hair and painted fingernails, it seems.

Sakiko: Right. Our old festivals include some "new traditions" as well!

What is a portable shrine for?

パドマ： なるほど，このお祭りは，お米が収穫できたことを神様に感謝するためのものね．何て言ったっけ？ ホシヒカリだっけ？

咲子： それを言うならコシヒカリよ．それに来年の豊作を祈る意味もあるわ．

パドマ： 「ワッショイ」っていう掛け声は何かおまじないの言葉なのかしら？

咲子： 特に意味はないわ．みんなのエネルギーを集中させているのよ．

パドマ： みんながお揃いの鉢巻とハッピ姿になって小さな山車を引いていくわね．

咲子： ええ，何百年も前に行なわれていたのと同じやり方で．ただし，今は女性もおみこしを担ぐようになったけど．

パドマ： 茶髪で指の爪にマニキュアを施してある女性たちのようね．

咲子： そうよ．古くからあるお祭に新しい伝統も加わっているんだわ．

Words and Phrases
- ◆harvest 収穫
- ◆portable shrine みこし
- ◆headband 鉢巻
- ◆fingernail 指の爪
- ◆juggernaut （インドの）山車

🔡 説明のポイント

1. 山車をjuggernautと言うのはインド人だから.普通はfestival floatのように言うほうが簡単だ.The gods are usually at the altar of the Shinto shrine. But during festivals, they go around town on the float.（神様は通常,神社の祭壇に奉られていますが,お祭りのときは,山車に乗って町を回ります）のような説明を加えることもできる.

2. みこしについては,During the festival, the god stays in a portable shrine, and people carry his gorgeous house down every street.（お祭りのときは,神様はきらびやかなおみこしに乗せられ,地元の人たちによって通りから通りへと運ばれていきます）といった説明をしてもよい.

3. 日本の農業人口は減る一方.Less than 5% of Japan's workers do any kind of farm work.（日本の労働人口の5パーセント以下の人たちが農業に携わっている）という話である.ちなみに山深いところにある田んぼの風景は,日本の誇る景観と言ってもいい.Lots of people and lots of mountains mean that Japan's rice fields have had to go up and up, like a stairway to heaven.（人口が多くて山国ということは,田んぼは高く高く作られ,天にも昇る階段のようです）のように形容してもいいだろう.

■■ 応用フレーズ

CD 50

It's <u>a way of concentrating</u> everyone's energy.
みんなのエネルギーを集中させているんです.

Year-end gifts are <u>a way of saying</u> thank you.
お中元はお礼を言い表わしているんです.

Valentine's Day chocolate is <u>a way of showing</u> romantic interest.
バレンタインデーのチョコレートは恋心を言い表わしているんです.

*　　*　　*

<u>Everything's done as it was</u> hundreds of years ago.
すべてが何百年も前と同じやり方で行なわれます.

<u>Everything's done as it was</u> in the Edo period.
すべてが江戸時代と同じやり方で行なわれます.

<u>Everything's done as it was</u> before the war.
すべてが戦前と同じやり方で行なわれます.

通訳案内のコツとトレーニング法

年中行事

　日本の観光というと神社仏閣が中心となるが，たまたま境内でお祭りや七五三などの年中行事に当たったりすると，外国人客はとても喜ぶ．そんなときは，普段の見学コースの時間配分を変更しても，そうした見物に時間を割くよう臨機応変に対処することが肝心．彼らの関心はまず，一番目につくところから始まる．日本人の生活に古くから根付いている風習やしきたりについて説明できるいいチャンスでもある．

平和公園で千羽鶴について聞かれたら？

中国人女性を案内して，広島の平和公園を歩く．日本の平和憲法の改正についてはなかなか説明しづらいところもある．佐々木貞子の銅像にはたくさんの千羽鶴が．．．．

CD 51

Kenji: Japanese suffered terribly in the war.

May: Not just Japanese. **And besides, if people suffered so terribly, why do they want to change the "Peace Constitution" now?**

Kenji: Some people think that will let Japan do more for world peace.

May: **Could be.** What are those chains of paper cranes for? Are they symbols of peace like doves?

Kenji: **It's said that if we can make 1,000 cranes, our wish will come true.** There's a story of a girl who had radiation sickness and started making cranes.

May: And did she get well?

Kenji: She died before she reached 1,000. So schoolchildren make these chains thinking of her and praying for peace.

May: Let's pray for peace, too. And hope that atomic bombs will never be used again.

Part 2　3. 観光案内をする

Who made all those chains of paper cranes?

賢二：　日本人は戦争で大きな被害を被ったんだよ．
メイ：　日本人だけじゃないでしょ．それに被害がひどかったのなら，どうして今，平和憲法を改正しようとするのかしら？
賢二：　そのほうが世界平和にもっと貢献できると考える人がいるからだよ．
メイ：　そうかもしれないけど．あの数珠つなぎになった折り鶴は何なの？　ハトのように平和のシンボルなのかしら？
賢二：　鶴を千羽折ったら，願い事が叶うと言われているんだよ．原爆症の少女が鶴を折り始めたという話があるんだ．
メイ：　病気は治ったの？
賢二：　千羽に達する前に亡くなってしまったのさ．それで，学童たちは，彼女のことを思ってたくさんの千羽鶴を折り，世界平和を願うというわけだよ．
メイ：　私たちも平和を祈りましょうよ．原爆が二度と使われないようにとね．

Words and Phrases
◆constitution　憲法
◆paper crane　折り鶴
◆dove　ハト
◆radiation sickness　原爆症
◆pray　祈る
◆atomic bomb　原爆

🆎 説明のポイント

1. 平和憲法の名前のいわれについて聞かれたら，This name is given to the postwar constitution because of the famous Article 9 that renounces war.（この名前は戦後の憲法に戦争放棄を定めた有名な第9条があるからです）のように答えるとよい．

平和憲法改正については，Our policy of not selling arms to other countries won't change.（他国に武器輸出をしないという政策には変更がありません）のような点を強調しておいたほうがよいだろう．冒頭のように，戦争で日本人だけが被害にあったような言い方をすると反感を買うことになる．

2. メイのセリフにあるCould be. はかなり曖昧な返事．相手の言っていることを否定はしないが，賛成もあまりしたくないときに便利な表現方法である．

3. 原爆症の佐々木貞子さんは白血病（leukemia）で亡くなった．薬を包む紙で折り鶴を折っていたという．ダイアローグに出た表現のIt's said that if we can make 1,000 cranes, our wish will come. の「～のようだ」は，They say (that) ～. としてもよい．They say (that) seeing is believing.（百聞は一見にしかずと言われています）のように使える．

■ 応用フレーズ

CD 52

Some people think that will let Japan do more for world peace.
そのほうが世界平和にもっと貢献できると考える人がいるからです．
Some people think that will let Japan do more for Asia.
そのほうがアジアにもっと貢献できると考える人がいるからです．
Some people think that will let Japan do more for global trade.
そのほうが世界貿易にもっと貢献できると考える人がいるからです．

* * *

It's said that if we make 1,000 cranes, our wish will come true.
鶴を千羽折ったら，願い事が叶うと言われています．
It's said that if we buy a lucky arrow, our wish will come true.
破魔矢を買えば，願い事が叶うと言われています．
It's said that if we pray to the fox god, our wish will come true.
お稲荷さんにお参りすれば，願い事が叶うと言われています．

通訳案内のコツとトレーニング法

折り紙

　折り紙はどこででも始められるので重宝する．折り鶴などレパートリーをいくつか作っておくといいだろう．食事場所では箸置きなどを折ってあげると実用的．外国人の連れの子供が病気になってしまい，折り紙がなかったので厚手の紙を代用，正方形に切って，薬玉（くすだま）を作り枕元に置いてあげたら，たいそう喜ばれたという人もいる．英語ではmedicine ballと直訳してそのまま通じる．日本文化を伝える最良の方法ではないだろうか？

温泉での入浴方法を説明するときは？

別府温泉の大浴場に向かうとき，連れの若いアメリカ人女性がトイレのスリッパを履いて来てしまった．浴衣は左前に着ている．でもこれから入浴するのだからもういいか．．．．

CD 53

Amelia: Is something wrong, Ikuko?

Ikuko: It's no big deal, Amelia, but you're wearing the toilet slippers. **Also, the left side of your *yukata* should go over the right.**

Amelia: Thanks. But it doesn't matter now that we're going in the bath.

Ikuko: That's true. **Now, let me show you how to take a Japanese bath.**

Amelia: I know all about that from our guidebook. You wash with soap outside the bath and then go in.

Ikuko: Good. Oh, and if it's OK, would you cover yourself more with the washcloth?

Amelia: Gee, I don't mind if anybody sees me.

Ikuko: Nor do I, really. But anyway, we have to act like we're modest.

Words and Phrases
- ◆ big deal　一大事，大したこと
- ◆ now that ~　~からには
- ◆ washcloth　手ぬぐい
- ◆ modest　しとやかな

Part 2　3. 観光案内をする

Let me show you how to take a Japanese bath.

アメリア：　郁子，何かおかしいことがあるの？

郁子：　大したことじゃないんだけどね，あなた，トイレのスリッパを履いてるのよ．それから浴衣が左前になっているわ．

アメリア：　ありがとう．でもお風呂に行くんだから構わないんじゃない？

郁子：　それもそうよね．じゃあ，日本式の入浴方法を教えてあげるわ．

アメリア：　ガイドブックでみんな知ってるわ．石けんは浴槽の外で洗い流してから中に入るのよね．

郁子：　合格よ．あらっ，もしよければ，手ぬぐいで体をもっと隠したほうがいいんじゃない？

アメリア：　ほんとに？　誰かに見られても気にしないけど．

郁子：　私もあんまり気にしないんだけどね．だけど，おしとやかにしていたほうがいいみたいよ．

🔲 説明のポイント

1. 浴衣が左前の人に対しては，That's how we put a kimono on a dead person.（それは死んだ人に着物を着せるやり方です）と指摘してあげよう．Oh, no! You're dead!（あら，やだ！あなた，死んじゃった！）のように言えば，コミカルな感じになる．

2. 何かのやり方を教えるときは，Let me show you how to take a bath. のように言うのがいい．「教える」の意味でtellも使えるが，実演が伴う場合はshowのほうがふさわしい．Let me show you how to put on a *yukata*.（浴衣の着方を教えましょう）といった調子だ．

　teachは教える対象がもっと高度で専門的になる．風呂の入り方などはshowかtellを使ったほうが自然．

3. 温泉に入るとゆったりとした気分になれるのだが，湯が熱いとこぼす客も多くいる．I was in so long I feel like a tea bag!（長く浸かっていたのでティーバッグになった気分です）とか，You could cook spaghetti in this!（ここでスパゲッティをゆでられるわ）のようなコメントを耳にすることがある．

　It'd be good for boiling lobsters!（ロブスターをゆでるのにちょうどいいね）なんていうのもある．このbe good for〜は，「〜に効果がある」という意味でも使われる．This hot spring is good for skin problems.（この温泉は皮膚病に効きます）といった具合だ．

■応用フレーズ

CD 54

It's no big deal, but you're wearing your *yukata* inside out.
大したことではありませんが，あなた，浴衣をあべこべに着ていますよ．
It's no big deal, but you're sitting in the wrong place.
大したことではありませんが，あなた，違う場所に座っていますよ．

*　*　*

Let me show you how to hold your chopsticks.
箸の持ち方を教えてあげましょう．
Let me show you how to open and close the fan.
扇子を広げたり畳んだりする方法を教えてあげましょう．

通訳案内のコツとトレーニング法

温泉の温度

外国人の多くは熱い温泉が苦手だ．どこかの温泉に案内するときは，よく泉温を調べてから場所を選んだほうがよいだろう．実はアメリカにも温泉が多くあり，西海岸をドライブしながら温泉巡りの旅をしたことがある．そこで見かけたアジア人といえば圧倒的に韓国人だった．熱い湯が好きなのも日本人と共通している．「どうして，日本人と韓国人は湯がぬるいと口癖のように言うんだろう」とは，温泉宿の主人がよくこぼしていたこと．

トレンディな場所に行ってみたいと言われたら？

日本のテレビドラマの影響で，お台場はアジアの国から来た人によく知られている．範子さんが案内した香港の女性はちょっと毒舌．楽しんでいないのかと思ったら....

CD 55

Kay: This place looks familiar. I'm sure that I've seen it on a Japanese TV drama we get in Hong Kong.

Noriko: Probably. Nowadays, Odaiba is one of the trendiest places in Japan.

Kay: Why is it so popular?

Noriko: The shops, for one thing. **If you're into fashion, Odaiba can't be beat.** Then, there's something glamorous about all these big buildings on the water.

Kay: But since I'm from Hong Kong, it's nothing new to me.

Noriko: Are you saying you don't like this place?

Kay: Of course I like it. Odaiba is a great place to visit whenever I get homesick!

●●●

Words and Phrases
- ◆ familiar　馴染んだ
- ◆ for one thing　（理由の）1つには
- ◆ can't be beat　卓越している
- ◆ glamorous　魅力的な

Part 2　3. 観光案内をする

What is the trendiest place in Japan?

ケイ：　この場所は馴染みがあるわ．香港でやっている日本のテレビドラマで見たはずよ．

範子：　たぶんね．今お台場は，日本で最もトレンディな場所の1つになっているの．

ケイ：　どうしてそんなに人気があるのかしら？

範子：　1つにはお店があることよ．ファッションに興味があるなら，お台場ははずせないわ．海辺に大きな建物が林立しているのも何か魅力的だしね．

ケイ：　でも私，香港から来ているから，何も目新しいことなんてないわ．

範子：　じゃあ，ここは気に入らないというわけ？

ケイ：　もちろん気に入っているわよ．ホームシックになったときにすぐ来たくなるわね．

説明のポイント

1. 「ビューティフル・ライフ」や「With Love」などのドラマがアジアの各国で次々と放映されているので，テレビドラマ談義もできる．日本の芸能人がすっかりお馴染みだが，中国人の場合，マンダリン読みで名前を覚えていたりするので，漢字で書いてもらわないとよくわからないだろう．木村拓哉は「ムーチュン・コーツァイ」といった調子だ．

お台場などで撮影現場を目撃したときは，It looks like a TV crew is filming a melodrama.（テレビのクルーがメロドラマの撮影をしているようです）などと表現する．

なお，「テレビタレント」はTV personalityのように訳すのがよい．

2. 日本のメロドラマというと，長男の嫁と姑の問題がよくネタになる．The tension between the eldest son's wife and his mother is a favorite soap opera theme.（長男の嫁と母親の緊張関係が，メロドラマの格好のテーマになっています）

「（番組を）欠かさず見ています」はI never miss it.のように表現する．

3. 「～にかけては…が一番」という言い方．例えば，If you're into fashion, Odaiba can't be beat.（ファッションに興味があるなら，お台場ははずせないわ）は，いろいろと応用できる．「庭なら京都」は，If you're into Japanese gardens, Kyoto can't be beat.といった具合だ．

■応用フレーズ

CD 56

If you're into fashion, Odaiba can't be beat.
ファッションに興味があるなら，お台場ははずせません．
If you're into judo, the Kodokan can't be beat.
柔道に関心があるなら，講道館ははずせません．
If you're into eating blowfish, Shimonoseki can't be beat.
フグが食べたいなら，下関ははずせません．

＊　＊　＊

There's something glamorous about all these big buildings on the water.
海辺に大きな建物が林立しているのも何か魅力的ですね．
There's something charming about all these *torii*.
あんなにたくさん鳥居があるのも何か楽しいですね．
There's something mysterious about all these stone lanterns.
あんなにたくさん石灯籠があるのも何か神秘的ですね．

通訳案内のコツとトレーニング法

倒置法でガイディング

　観光ガイドの口調に，「右手に見えますのは〜です」というのがある．普通には，〜is coming up on your right. と言うのだろうが，倒置法を使ってComing up on your right is 〜. というふうに言ってあげたほうが，相手はその方向に顔を早く向けられるぶん好都合である．同様に「正面に見えてきますのは〜」も，〜 is straight ahead. だとワンテンポ遅れてしまう．Straight ahead is 〜. のほうがベターだ．

4. 娯楽やスポーツに興じる
Enjoying Entertainment and Sports

歌舞伎をちょっとだけ見るときは？

東京・歌舞伎座の「一幕見」に案内したら，屋号の掛け声にびっくりする連れのフランス人女性．オペラグラスで女形の色っぽい仕草を観察して参考になったという．

CD 57

Julie: **I never get gallery seats in Paris.** I'm afraid I may get altitude sickness up here.

Mitsuo: It is kind of far from the stage. Here, use my opera glasses, if you like.

Julie: Thanks. My, her costume is just beautiful. (*shouts from audience*) Why are people shouting like that?

Mitsuo: **They're shouting the actor's stage name.** It's their way of showing they're his fans.

Julie: His fans? Whose fans? There's only one actress on stage.

Mitsuo: Believe it or not, that's actually a man playing a woman.

Julie: That's a wonderful make-up job! And he's as sexy as Catherine Deneuve. Can I go backstage later and get some tips on how to act like a real woman?

Part 2　4. 娯楽やスポーツに興じる

Let's just see the best part.

ジュリー：　パリでは天井桟敷の席に座ることはないわね．ここにいると高山病になってしまいそうよ．

光男：　舞台からはちょっと遠いけどね．ほら，もしよかったら僕のオペラグラスを使ったらいいよ．

ジュリー：　ありがとう．まあ，衣装がきれいだこと．（観客の叫び声）なぜあんなふうに叫んでるの？

光男：　あれは俳優の屋号を叫んでいるんだ．彼のファンだと言いたいんだろうよ．

ジュリー：　彼のファンって？　誰のファンよ？　舞台には女優しか出ていないじゃないの．

光男：　信じられないかもしれないけど，あれは女性を演じている男なんだよ．

ジュリー：　ずいぶん化粧が上手だこと．それにカトリーヌ・ドヌーブのように色っぽいわ．あとで楽屋に行って真の女性らしくふるまうヒントを授けてもらってもいいかしら？

Words and Phrases
◆gallery seat　天井桟敷の席
◆altitude sickness　高所病, 高山病
◆believe it or not　本当とは思えないかもしれないが
◆job　やり方
◆tip　アドバイス

🔖 説明のポイント

1. 歌舞伎座の「一幕見」は直訳するとone-act viewingのようになる．でもこれだけじゃよくわからない．You can see your favorite part of a play from the gallery at a discount price. It's a way to save time and money. (天井桟敷から割安料金でお気に入りの一幕が楽しめます．時間やお金の節約にもなります) のような補足説明が必要となる．

2. 「歌舞伎」の基本は歌 (音楽) と舞 (踊り) と伎 (演技) である．次のように説明するといいだろう．

What makes Kabuki interesting? First of all, the mask-like make-up and the gorgeous costumes. Then there's the fighting, dancing and acrobatics. And finally, the *onnagata* with their woman-like gestures. (歌舞伎の面白みとは何でしょうか？　まず，お面のようなメークと派手な衣装です．それから戦いや踊りや曲芸が加わったり，女性の仕草をする女形が出てくることです)

3. 屋号の掛け声が出るのは，役者がクライマックスで見得のポーズをするときだ．簡単にはclimactic poseと言えばよい．Actors stay perfectly still, or maybe glare and move their heads in a circle. (役者は完全に体の動きを止めるか，にらみを利かしたり，頭を回したりします) のように付け加えるのもいいだろう．

■■ 応用フレーズ

CD 58

Here, use my opera glasses, if you like.
はい，もしよかったら僕のオペラグラスを使ってください．
Here, use my camera, if you like.
はい，もしよかったら僕のカメラを使ってください．
Here, use my telephone card, if you like.
はい，もしよかったら僕のテレホンカードを使ってください．

*　　*　　*

Believe it or not, that's actually a man playing a woman.
信じられないかもしれないけど，あれは女性を演じている男なんです．
Believe it or not, that's actually a 700-year-old building.
信じられないかもしれないけど，あれは築700年の建物なんです．
Believe it or not, that's actually cat skin.
信じられないかもしれないけど，あれはネコの皮なんです．

通訳案内のコツとトレーニング法

フリーパス

　地下鉄の1日乗り放題の乗車券のことを「フリーパス」と呼んだりするが，そのまま直訳してfree passなどと言うと，「無料パス」のような意味合いになってしまう．ロンドンで利用されている同様の地下鉄乗車券のように，one-day travel cardと呼べば誤解がないだろう．劇場の切符を取り扱う「プレイガイド」は，ticket agencyのように言わないと通じない．カタカナ英語に毒されないように注意したい．

パチンコが禅の世界に通じているとは？

パチンコは得意だと自慢したのに全然出ない．ところが，連れのネバダ州出身の男のほうは出るわ，出るわ．店内の騒音やタバコの煙に悩まされる以外はご満悦のようだ．

CD 59

Harold: This is better than Las Vegas! Every time I turn this knob, more of these silver balls come out.

Koji: Usually I'm good at *pachinko*, but it looks like you have all the luck today.

Harold: Beginner's luck. But tell me, how you can stand all the noise and smoke in here?

Koji: It may sound funny, but I find playing *pachinko* relaxing. It's almost like meditation for me.

Harold: Meditation? Then, is *pachinko* a kind of modern Zen?

Koji: I wouldn't go that far. But *pachinko* is one way I can forget all my troubles at work.

Harold: Well, if you lose more money here, you'll have new troubles. How about if we stop now and go to that quiet sushi restaurant? My treat.

Koji: Great! This meditation has made me hungry.

Part 2　4. 娯楽やスポーツに興じる

Is *pachinko* a kind of modern Zen？

ハロルド：　ラスベガスよりすごいよ．ノブを回すたびに，銀色の玉が増えるんだ．
浩二：　パチンコはたいがい勝つんだけど，今日は君のほうにツキが全部行ってしまったようだよ．
ハロルド：　「ビギナーズ・ラック」というやつだね．ただねえ，どうして店内の騒音やタバコの煙が我慢できるのかなあ？
浩二：　おかしいと思うだろうけど，パチンコをするとリラックスできるんだよ．僕にとっては瞑想をしているのとほぼ同じさ．
ハロルド：　瞑想だって？　じゃあ，パチンコは現代の禅といったところなのかい？
浩二：　そうまでは思わないけどね．でも仕事上の問題などすべて忘れるにはいい方法なんだ．
ハロルド：　だけど，もっとお金をすっちゃったら，新しい問題に直面することになるだろうけどね．もうここらでやめにして，例の静かな寿司屋さんに行かない？　僕のおごりだよ．
浩二：　いいねえ．この瞑想はお腹が空くんだ．

Words and Phrases
◆knob　ノブ
◆beginner's luck　初心者に伴うツキ
◆stand　我慢する
◆meditation　瞑想
◆treat　おごり

🔲 説明のポイント

1. パチンコはJapanese pinballと訳せる。名前の由来については，It's hard to ignore the "pachi-pachi" sound of the balls. That's where the name *pachinko* comes from.（パチンコ玉のパチパチという音は，無視しようとしてもできるものではありません。「パチンコ」という名前はそこから来ているんです）と言えばいい。

店内はうるさいので，Don't forget your earplugs and oxygen mask.（耳栓と酸素マスクを用意しましょう）のように注意するのもいいだろう。タバコの煙もすごいからだ。ちょっと大げさな表現だが，そのありさまをよく伝えられる。

2. パチンコの玉が打ち止めになるほどよく出たときは，I hit a jackpot!（大当たり！）と言ってもよい。ラスベガスのスロットマシーンなどで大儲けしたときに使われるお馴染みの表現だ。

3. gambleという語は名詞としても動詞としても使われるが，「ギャンブルが好き」はI like gamble. ではなく，I like gambling. と表現する。「ギャンブルはしません」はI don't gamble. である。

4. パチンコ屋で見かける花輪については，When a *pachinko* parlor fixes up its machines, it celebrates by putting some huge floral wreaths out front.（パチンコ屋が台を新しくすると，店頭に大きな花輪を飾ることになっています）のように説明できる。新装開店に付き物の「ちんどん屋」はding-dong ad bandのように言えばいいだろう。

■ 応用フレーズ

CD 60

Usually I'm good at mah-jong, but it looks like you have all the luck today.
マージャンはたいがい勝ちますが，今日はあなたのほうにツキが全部行ってしまったようです．

Usually I'm good at goldfish scooping, but it looks like you have all the luck today.
金魚すくいはたいがい調子いいんですが，今日はあなたのほうにツキが全部行ってしまったようです．

* * *

It may sound funny, but I find washing my car relaxing.
おかしいと思うだろうけど，マイカーを洗車するとリラックスできるんです．

It may sound funny, but I find watching sumo relaxing.
おかしいと思うだろうけど，相撲を見るとリラックスできるんです．

―――― 通訳案内のコツとトレーニング法 ――――

ガイドは何でも説明する

　外国人と観光をしていると，パチンコ屋などローマ字の看板がどうしても目につく．郊外ではラブホテルの看板もよく目に飛び込んで来る．大きな船をかたどった奇抜な建物を見て，シーフード・レストランと勘違いした人もいるが，やたら目立つわけである．当然，その説明を求められるが，そんなときはThis kind of hotel is for a couple without any baggage.（何も荷物を持たないカップル向けのホテル）のような説明の仕方もある．

相撲を間近に見てみたいと言われたら？

オランダ人の大柄な男性と両国の相撲部屋で朝稽古の見学．ただで人気力士を間近に見ることができる．体つきからいえば，連れのほうが小兵力士よりも相撲取りらしいほどだ．

CD 61

Shun: Sumo tournaments are held six times a year. And seats are anywhere from 30 to 400 dollars.

Karl: Then we were lucky to be able to watch the wrestlers up close for free.

Shun: So how was your first live sumo experience?

Karl: There was none of that boring salt-throwing, so I enjoyed it.

Shun: Then you'll have good memories to take back with you to Holland.

Karl: Yes, I felt slim for the first time in 25 years!

Shun: But actually, you're bigger than many of the wrestlers.

Karl: True. I can't out-wrestle them, but I can probably out-eat them.

Words and Phrases
- for free　ただで
- boring　退屈な
- salt-throwing　塩撒き
- Holland　オランダ（公式名は the Netherlands）
- slim　ほっそりした

Part 2　4. 娯楽やスポーツに興じる

Can we watch the wrestlers up close?

俊：　大相撲は年に6回行なわれるんだけど，座料が30ドルから400ドルぐらいするんだ．

カール：　じゃあ，ただで力士を間近に見られるなんて運がよかったね．

俊：　で，生の相撲を初めて見てどうだった？

カール：　退屈な塩撒きもなかったし，楽しめたよ．

俊：　じゃあ，オランダにいい思い出を持って帰れるね．

カール：　うん，この25年間で初めて自分がスマートに感じたよ．

俊：　でも実際は君のほうが多くの力士よりも体が大きいね．

カール：　ほんとだね．相撲では勝てないけど，食べることだったら，おそらく勝てそうだよ．

🔠 説明のポイント

1. 朝稽古の見物には次の3点を守ろう。1. Don't point your feet at the wrestlers.（力士に足を向けない）, 2. Don't talk in a loud voice.（大声で話さない）, 3. Don't use a flash.（フラッシュ撮影をしない）.

2. 相撲のルールは簡単なので、初めて見る外国人でもすぐに馴染める。基本的な決め技としては、Pushing, slapping and tripping are OK.（押したり、はたいたり、足をすくったりしても構いません）のようになる。勝ち負けの判定については、You try to make your opponent go out of the ring or make him touch the ground with a part of his body other than his feet.（相手を土俵の外に出すか、足の裏以外の身体を土俵につかせるようにする）などと説明できる。

3. 塩撒きが退屈だという人の皮肉としては、The match is over in less than a minute. The foot-stamping and salt-throwing take up most of the time.（勝負はあっという間についてしまいます。四股を踏んだり、塩を撒くのに時間がかかるんです）といったコメントがある。

4.「out-」という接頭語は、「～において勝る」の意味合いがある。I can't out-wrestle them, but I can probably out-eat them. の文では、out-wrestleは「相撲において勝つ」、out-eatは「食べることにおいてしのぐ」の意味になる。

Part 2　4. 娯楽やスポーツに興じる

■■ 応用フレーズ

CD 62

We were lucky to be able to watch the wrestlers up close for free.
ただで力士を間近に見られるなんて運がよかったですね.
We were lucky to be able to watch the Noh play for free.
ただでお能を間近に見られるなんて運がよかったですね.
We were lucky to be able to watch the actors doing their make-up.
俳優がメークをしているのを見られるなんて運がよかったですね.

＊　＊　＊

You'll have good memories to take back with you to Holland.
オランダにいい思い出を持って帰れますね.
You'll have good souvenirs to take back with you to Holland.
オランダにいいお土産を持って帰れますね.
You'll have good photos to take back with you to Holland.
オランダにいい写真を持って帰れますね.

通訳案内のコツとトレーニング法

数字に強くなる

　お相撲さんの体重を説明するのに，キログラムで言ってもピンと来ないような人には，ポンドに言い換えてあげるようにする（1キログラム＝2.2ポンド）．華氏（℉）と摂氏（℃）については，70℉が約20℃．これを基本にして，華氏が10度動くごとに摂氏で約5度動くと覚えておくとよい（80℉＝約25℃，60℉＝約15℃）．江戸時代の1両は現在の貨幣価値に直して約5万円．お米の1石は180リットル，約5ブッシェルである．

127

高校野球の人気を説明するには？

秀雄はシアトルからやって来たティーンエージャーと，沖縄で高校野球の観戦をしている．試合は甲子園の地方予選大会の決勝戦．球場はほぼ満員の盛況である．

CD 63

Hideo: Give the game a chance, Matt. **The All-Japan Tournament at Koshien Stadium is a great summer institution.**

Matt: Really? Americans wouldn't waste a minute watching high school kids play. We want to see pros—like Ichiro.

Hideo: The purity of high school baseball is missing in pro sports. And believe it or not, Ichiro played at Koshien twice.

Matt: So a lot of these players are recruited by pro teams?

Hideo: The best are. Oh, no! **Sato pitched another "deadball."**

Matt: Another what?

Hideo: He hit the batter with the pitch. We call it a "deadball."

Matt: Sorry, I can't understand the words or the way you play baseball here. You enjoy your game—I'm going to the beach.

Part 2 4. 娯楽やスポーツに興じる

Don't you like high school baseball?

秀雄： もっと熱心に観戦しなよ．甲子園球場で行なわれる全国大会ともなると，すっかり夏の名物にもなってるんだから．

マット： そうなのかい？　高校生がプレイするのを見るなんて，アメリカ人はちょっとでも時間の無駄だと思うよ．見たいのはイチローのようなプロの選手さ．

秀雄： プロスポーツには高校野球のような純粋さがないからね．それにこれは事実なんだけど，イチローだって甲子園に2度出場しているんだ．

マット： で，こうした高校球児の多くがプロの球団にスカウトされるわけだね．

秀雄： 優秀な選手ならね．あー，佐藤投手，またデッドボールだ．

マット： また何だって？

秀雄： バッターにボールをぶつけたんだよ．それを「デッドボール」と言うんだ．

マット： 悪いけど，日本で野球するときの用語や習慣などはとても理解できないね．君はゲームを楽しんでよ．僕はビーチに行ってくるから．

●●●

Words and Phrases
◆the All-Japan Tournament　全国大会
◆institution　名物　　　　　　◆recruit　スカウトする
◆pro　プロ選手　　　　　　　　◆pitch　投げること，投球

説明のポイント

1. 日本ほど高校野球の盛んな国はない．地方の代表チームになったら大変な栄誉．Local teams get big sendoffs, and buses full of fans go to Koshien Stadium near Osaka. (壮行会が盛大に開かれ，大勢のファンがバスに乗って大阪の近くにある甲子園球場に押しかける)ということになる．その魅力について聞かれたら，The combination of sweat and tears, courage and courtesy appeals to everyone. (汗と涙，勇気と礼儀正しさといったものが人の心を動かすのです)のように答えてもよい．

甲子園の砂についても説明しておこう．The ritual at the end of every game is very dramatic. The losing team digs up sand to take back and spread over its home diamond. (試合のあとの儀式は劇的なものです．敗戦チームが砂を掘り集めて持ち帰り，母校のグランドに撒くことになっています)

2.「デッドボール」はhit by pitchと表現する(「死球」のほうが痛そうだが...)．和製英語には「ランニングホームラン」もある．アメリカではinside-the-park home run．「サヨナラホームラン」は普通game-ending home runと言うが，そのままsayonara homerunと表現しても通じる．

3. イチロー選手は少年時代，バッティングセンターに毎日通ったという．こうした施設は，batting practice centerのように表現する．

■ 応用フレーズ

CD 64

This *Bon* dancing event is a great summer institution.
ここの盆踊り大会は，すっかり夏の名物になっています．
New Year's Eve at Yasaka Shrine is a great Kyoto institution.
大晦日の八坂神社は，すっかり京都名物になっています．

*　　*　　*

The purity of local festivals is missing in major festivals.
大きなお祭りには，地方のお祭りのような純粋さがありません．
The simplicity of old customs is missing in modern life.
現代生活には，古い習慣の簡素なところがありません．

通訳案内のコツとトレーニング法

野球場との比較

　敷地の広さについては，アメリカ人にはヘクタールではなくてエーカーで言ってあげたほうが通りがよい．1ヘクタール＝約1200坪＝約2.5エーカーのような換算数字はぜひ，頭にたたき込んでおきたい．野球場を引き合いに出して比較するのもいいだろう．例えば，甲子園球場の広さは約4ヘクタール．昔の藤原京は100ヘクタールほどあったそうだが，野球場の25個分のように説明すると，広さの感覚をつかんでもらいやすくなる．

ゴルフで相手が OB を打ってしまったら？

カナダ人の知り合いと一緒のラウンド．日頃の練習の成果が出て調子がいいみたいだ．ところが相方はＯＢを打ってしまった．日本には「前進4打」という独特のルールがある．

CD 65

Takeo: **It's been three years since we played golf together.** Don't you think my golf has improved?

Mike: Very much. **In fact, you may hit a hole in one and have to buy everyone drinks!** Tell me, what's your secret?

Takeo: I've started practicing my swing every day. I practice on the platform when I'm waiting for the train in the morning.

Mike: I need to do that. Now I'll have to tee up again, since my shot went out of bounds.

Takeo: Sorry, but we don't tee off twice. Instead we start about 200 yards down the fairway on shot four.

Mike: Why is that?

Takeo: This course is too crowded. We don't want the people behind us to wait.

Mike: Gee, in Canada our courses are so empty, even deer and bears come to play.

What if the shot goes out of bounds?

武雄： 一緒にプレーするのは 3 年ぶりだねえ．僕のゴルフの腕が上がったとは思わないかい？

マイク： 確かにそうだね．ホールインワンを出して，みんなに飲み物をおごるようになるんじゃないのかな．教えてよ，秘訣は何だい？

武雄： 毎日スウィングの練習をすることにしたのさ．朝，電車が来るのを待ちながら，ホームでやってるよ．

マイク： 僕もそうしなくちゃ．さて，OB を打ってしまったので，打ち直しをしないと．

武雄： いや，日本では打ち直しはしないんだよ．フェアウェーの 200 ヤードほど先に進んで 4 打目として打つことになるんだ．

マイク： どうしてだい？

武雄： このコースは混雑がすごいんだ．あとがつかえないようにしているんだよ．

マイク： へぇ，カナダのコースはとても空いているので，シカやクマが遊びにやって来るほどさ．

Words and Phrases
◆ improve　上達する
◆ tee up　ボールをティー（台）の上に載せる
◆ out of bounds　OB（規定の競技区域外）の
◆ tee off　ティーから第 1 打を打ち出す
◆ fairway　フェアウェー（ティーからグリーンまでの整地した部分）

🔲 説明のポイント

1.「何年ぶり」を英語で表現するときは，It's been ～ years since ... のように言うのがいいだろう．「一緒に温泉に行くのは3年ぶりだね」は，It's been three years since we went to a hot spring together. となる．

　ちなみに，「お久しぶり！」は It's been ages! のように表現する．You haven't changed a bit.（ちっともお変わりになりませんね）というのは英語圏でもよく使われるあいさつの言葉になっている．

2. 日本のゴルフ人口は1300万人と言われる．接待ゴルフ（business over golf）の経験を持つ人も多いことだろう．Companies invite important clients to play golf and maybe talk business at the 19th hole.（会社が大事なクライアントをゴルフに招待して，19番ホールで仕事の話をしたりします）のように言えば，そのニュアンスが伝わる．ちなみに「19番ホール」とは「プレイ後にくつろぐバーラウンジ」のことをいう．

3. 日本ではホールインワンを出すと，みんなに飲み物をおごり，記念品まで配らなくてはならなくなる．ホールインワン保険（hole-in-one insurance）については，If he has insurance, he can enjoy his victory and not worry about the cost.（もし保険に入っていれば，勝利感が味わえるし，費用の心配をしなくても済む）のような説明が可能．

Part 2 4. 娯楽やスポーツに興じる

■■ 応用フレーズ

CD 66

It's been three years since we played golf together.
一緒にゴルフをするのは3年ぶりですね．
It's been three years since we had dinner together.
一緒に夕食を食べるのは3年ぶりですね．
It's been three years since we last met.
お会いするのは3年ぶりですね．

*　　*　　*

Tell me, what's your secret?
教えてよ，秘訣は何だい？
Tell me, what's your favorite Japanese food?
教えてよ，日本食の好物は何だい？
Tell me, what's the most interesting thing about Japan?
教えてよ，日本で一番面白いものって何だい？

通訳案内のコツとトレーニング法

どこでも話す訓練

　英語でいろいろ話す練習は，相手がいなくてもできる．街を歩いていたり，電車に乗っているときなど，目に見える光景について何かぶつぶつ英語でつぶやいてみればよい．実は，ガイドになって「右に見えますのは〜です」とか「左に見えますのは〜です」とやっているうちに，英語を話すのがだいぶラクになり，何でも見えたものを英語にする癖をつけると効果があることを実感した．「つぶやき作戦」はいつでもどこでもできる．

5. 会社や自宅に案内する
At Work and at Home

会社の案内役を買って出たときは？

会社を訪問したクライアントの案内をすることになった．自分のデスク近くで電話中の上役が，受話器に向かって盛んにお辞儀をしている．そこで早速，質問を受けた．

CD 67

Connie: Eisaku-san, do you mind if I ask you something about your boss?

Eisaku: Please feel free to ask whatever you like.

Connie: **When he was on the phone just now, why was he bowing like that?**

Eisaku: I guess it's a habit. We usually bow when we talk to our superiors. He's a section head, but he was talking to our division head.

Connie: And how about you? What's your position?

Eisaku: Me? **I'm just an ordinary worker.**

Connie: You're being modest. You must have a fairly high position to be able to come in wearing a sweater and jeans.

Eisaku: **That's because today is "Casual Friday."** If you came in any other day, you'd see me in a dark suit and white shirt, just like everybody else.

Part 2 5. 会社や自宅に案内する

Why is he bowing on the phone?

コニー： 栄作さん，あなたの上司について質問してもいいかしら？

栄作： どんなことでも遠慮しないで聞いてください．

コニー： 今電話をしていたとき，あの人，どうしてあんなふうにお辞儀をしていたんですか？

栄作： それは習慣だと思います．上役に向かって話すときは，たいていお辞儀をするからです．彼は課長なんですけど，部長と話していたんですよ．

コニー： で，あなたは？　どんな役職ですか？

栄作： 私ですか？　ただの平社員ですよ．

コニー： ご謙遜でしょう．セーターとジーンズの格好で出社しているなんて，相当の役職に就いているに違いありません．

栄作： 今日は「カジュアル・フライデー」だからです．ほかの日にお越しいただけば，私もみんなと同じように黒っぽいスーツと白いシャツを着ていますよ．

Words and Phrases
- ◆feel free to ～　遠慮せずに～する
- ◆on the phone　電話中
- ◆bow　お辞儀する
- ◆section head　課長
- ◆division head　部長
- ◆modest　謙虚な

🔠 説明のポイント

1. 電話ばかりでなく，握手しながらもついお辞儀をしてしまうのは習性というものだろう．お辞儀の角度についてこんな説明をすると，外国人客に喜んでもらえる．

There are all kinds of bows: a nod of the head to say hello, and a 90-degree bow to say you're very sorry. A person who bends lower than that isn't bowing—he's doing stretching exercises.（お辞儀にはいろいろあります．軽く首を垂れるあいさつから，体を90度に折り曲げる平謝りまでです．それより深く体を曲げていたら，お辞儀ではありません．ストレッチ運動をしているのです）

2.「私はただの平社員」は，I'm just one of the crowd. とも表現できるが，あまりへりくだらないほうがよい．相手が本当にそう思ってしまうからだ．むしろ，I'm the sales representative in charge of Europe.（私はヨーロッパ地域のセールス部門の責任者です）のように専門性を伝えるようにしよう．

3. 日本の会社員というと保守的な服装をしているといった印象が強いが，だんだん「カジュアル・フライデー」の流儀も浸透してきた．Workers are allowed to dress down before the weekend.（勤労者は週末，カジュアルな格好をすることが許される）というわけだ．ただし，あまりラフな格好ばかりが幅を利かせるようになると，もしかして，「フォーマル・マンデー」(formal Monday)なんて日ができるかもしれない．

■ 応用フレーズ

CD 68

Please feel free to ask whatever you like.
どんなことでも遠慮しないで聞いてください．
Please feel free to order whatever you like.
どんなものでも遠慮しないで注文してください．
Please feel free to buy me whatever you like.
どんなものでも遠慮しないで僕に買ってくれてもいいですよ．

* * *

We usually bow when we talk to our superiors.
上役に向かって話すときは，たいていお辞儀をします．
We usually bow when we greet people.
あいさつをするときは，たいていお辞儀をします．
We usually bow when we exchange cards.
名刺を交換するときは，たいていお辞儀をします．

通訳案内のコツとトレーニング法

英語のリスニング

　リスニングは難しい．観光バスで案内中，何か窓の外に見えるものについて聞かれ，理解したころには，その風景が何十メートルも後方に行ってしまい説明できなかったということもあり，申し訳ない気持ちになった．今も苦労することがあるので，なるべく家にいるときは，英語のテープなどをかけっぱなしにしている．アメリカ人と会う前はアメリカ人の英語，イギリス人と会う前はイギリス人の話す英語を聞くようにすると耳が慣れる．

工場のロボットについて聞かれたら？

ロボットの花子が導入されている最新設備の工場を訪れたインドネシア人の案内をすることに．労働コストの削減のために，ロボットの数を増やす事情があることなどを説明する．

CD 69

Ichiro: Hanako here is our newest worker.

Ali: I'm amazed. Nearly every step of the process is automated.

Ichiro: And we have plans to increase the number of robots.

Ali: But why? People can do many things that robots can't.

Ichiro: Sure. Call in sick, go on strike. **But basically, it's a matter of cutting costs in this recession.**

Ali: What recession? Everywhere people and shops look prosperous.

Ichiro: Maybe. **But we have to think about competition with other Asian countries.** Wages here are 10 times what they are in Indonesia.

Ali: Then move your factory to Java. Sorry, Hanako, but our workers are much more charming!

Part 2　5. 会社や自宅に案内する

Which are better, robots or people?

一郎：　この花子は一番新しく加わった作業要員なんです．
アリ：　驚きましたねえ．ほとんどの工程がオートメーション化しているんですから．
一郎：　ロボットの数をもっと増やす計画があるんです．
アリ：　でもどうして？　ロボットができないことを人間ならたくさんできますよ．
一郎：　そうでしょう．病欠の電話を入れたり，ストライキをしたりね．でも基本的に言えば，この不景気にコストの削減を図ろうとしているからなんです．
アリ：　不景気ですって？　道行く人やお店を見てもみな景気がよさそうじゃないですか．
一郎：　まあそうですけど．でもほかのアジアの国々と競争することを考慮に入れないといけないんです．インドネシアと比べると賃金が10倍ですから．
アリ：　じゃあ，ジャワに工場を移転するのがいいですね．花子さんには悪いけど，私たちの労働者のほうがずっと魅力的ですよ．

● ●

Words and Phrases
◆ automate　オートメーション化する　　◆ recession　不景気
◆ call in sick　病欠の電話をする　　　　◆ prosperous　富裕な
◆ go on strike　ストライキをする　　　　◆ wage　賃金

🔲 説明のポイント

1. 日本ではロボットが60万台も働いているという．There are robots that run factories, robots that make parts for other robots, even robots that make sushi. (工場で頑張るロボット，ほかのロボットの部品を組み立てるロボット，寿司を握るロボットなどいろいろいます) といった具合．英語のrobotは「ロウバット」のように発音しないと通じない．

2. ロボットは「３Ｋ」の仕事も黙ってこなすので重宝がられる．こうした肉体労働は英語だと「３Ｄ」になる．Young people prefer to avoid "3-K" work, jobs that are *kitanai*, *kitsui* or *kiken*. In English the three Ks become the three Ds: dirty, demanding and dangerous. (若い人は「汚い」，「きつい」，「危険」といった「３Ｋ」の仕事を敬遠する傾向にあります．英語では，dirty, demanding, dangerousの「３Ｄ」のことです)

3. 利益のためには，生産の海外シフトは避けられない情勢で，高機能製品まで海外生産の波が押し寄せている．Nowadays, Japan produces more cars outside of Japan than inside. And we eat far more food grown outside Japan than inside. At this rate, in 20 years there will be nothing left for us to make! (現在，日本の自動車は国内生産よりも海外生産のほうが上回っています．食べ物にしても，国内産よりも外国産の食糧をはるかに多く消費しています．この調子で行くと，20年もしたら，何も生産しなくなってしまうのではないでしょうか)

Part 2　5. 会社や自宅に案内する

■■ 応用フレーズ

CD 70

We have plans to increase the number of robots.
ロボットの数をもっと増やす計画があるんです.

We have plans to increase the number of tours.
ツアーの数をもっと増やす計画があるんです.

We have plans to increase the number of signs in English.
英語標識の数をもっと増やす計画があるんです.

* * *

Basically, it's a matter of cutting costs in this recession.
基本的には, この不景気にコストの削減を図ろうとしているんです.

Basically, it's a matter of protecting the environment.
基本的には, 環境の保全を図ろうとしているんです.

Basically, it's a matter of preserving our traditions.
基本的には, 伝統を続けていこうとしているんです.

通訳案内のコツとトレーニング法

he と she

　うっかりするとつい間違えてしまうのが, heとsheの使い方だ. その場にいる人を指さして, I think she has a question.（彼女は質問があるようですよ）などと言うのはよくない. この場合, Miss Smithとかthis ladyなどと言い換えることが肝心. 夫婦連れのご主人に向かって, 奥さんについて語るときはsheを使うより, 名前で呼ぶほうが自然である. その場にいる人をheとかsheで呼ぶのは, 物扱いしているのと同じなのである.

単身赴任のメリットって何だろう？

子供の学校のこともあって，博多で単身赴任をしている淳司さん．家族と離れ離れになっているので，知り合いのブラジル人女性から同情されるが，悪いことばかりではない．

CD 71

Atsushi: When I was transferred, we thought of moving. But our kids were in private schools, so it was almost impossible.

Anita: Did you think of changing jobs?

Atsushi: In my field, all companies make transfers. **As many as one million Japanese men have to live away from home.**

Anita: My Paulo will never leave Rio. I won't let him! It must be hard on your family.

Atsushi: Well, my wife doesn't have to cook for me now. And Hakata, the place where I'm living, is the most popular *tanshinfunin* site.

Anita: What makes Hakata so popular?

Atsushi: It has golf, good weather and good food. **And there are plenty of great karaoke bars to go to when we're lonely!**

Part 2　5. 会社や自宅に案内する

Is it tough living away from your family?

淳司：　転勤になったとき，家族そろって引っ越すことも考えたんだ．でも子供が私立の学校に通っているので，どうしようもなかったんだよ．

アニタ：　転職は考えなかったの？

淳司：　僕らの業界では，どの会社も転勤があるのさ．全体では100万人もの日本人男性が家族と離れ離れに暮らしているそうだよ．

アニタ：　私の夫，パウロは絶対にリオを離れることはないわ．私がそうさせないもの．あなたの家族も大変ね．

淳司：　女房にとっては，僕のために料理を作る手間が省けたけどね．今住んでいる博多は単身赴任の場所としては一番人気があるんだ．

アニタ：　博多が何でそんなに人気なの？

淳司：　ゴルフができて，天候に恵まれていて，食べ物がおいしいからさ．寂しさを紛らわすときに通えるような素晴らしいカラオケバーもたくさんあるよ．

Words and Phrases
◆transfer　転勤する
◆change jobs　転職する
◆field　分野
◆be hard on ～　～に無情な，～に辛い
◆site　土地，現場

🔠 説明のポイント

1. 家族と離れて生活するのは辛いものだが，あまり悲観的な話ばかりすると暗くなる．After being married this long, it's more fun just to see each other once in a while. (長く結婚していると，たまに会うくらいのほうが新鮮さ) などと強がりを言うのもいいかもしれない．単身赴任者が一番困るのは料理だとか．掃除や洗濯も1週間にせいぜい1〜2度程度．洗濯物については，Some of them send their laundry home to be washed. (中には洗濯物を家に送って洗ってもらう人もいる) とのことだ．

ちなみに，「亭主元気で留守がいい」は，He's an ideal husband—healthy and absent! などと表現できる．

2.「カラオケ」を英訳するなら，sing-along tape のようになるが，たいていは karaoke のままで通じる．「カラオケボックス」は，People rent soundproof rooms. There they can practice singing and enjoy themselves without worrying about other people. (室内が防音されている部屋を利用すれば，ほかの人の目を気にしないで歌の練習をしたりして楽しめます) といった説明が可能だ．

人前で歌うのが好きな人は，When I have a mike, I always feel like Elvis. (マイクを持つとエルビスの気分になるんだ) と言えるが，歌うのが苦手な人もいる．言いわけとしては，My bad voice has lost me a lot of friends. (声が悪いので，多くの友だちを失ってしまいました) などが考えられる．

■■ 応用フレーズ

CD 72

As many as 3.5 million Japanese people have to find new jobs.
全体では350万人もの日本人が新しい仕事を探しているそうです.
As many as 18 million people go overseas annually.
全体では1800万人もの人たちが毎年海外に出かけるそうです.

*　　*　　*

There are plenty of hot springs to go to when we're tired.
疲れたときに利用できるような温泉がたくさんあります.
There are plenty of street stands to go to when we're hungry.
お腹が空いたときに利用できるような屋台がたくさんあります.

通訳案内のコツとトレーニング法

動機づけとインターネットの活用

　英語の学習を根気よく続けるには，強い動機づけが必要である．趣味とか教養のためというだけでは弱い．例えば，カラオケで英語の歌のレパートリーを増やすといった具体的な目標を定めてみるとよい．英語を使ってEメールを送るなどインターネットも活用できる．サイトからの情報収集は，何か自分のポリシーを決めておかないと膨大なものになってしまう．外国人に会った時に話したい内容だけを取り込むといった基準を決めておくことだ．

洋間でも靴を脱ぐのかと聞かれたら？

2LDKのマンションに泊まりにやって来たスペイン人の女性客．靴を脱ぐ習慣にはなかなか馴染めないようだ．到着早々，「お風呂に入らない？」と勧められて驚いてしまう．

CD 73

Louisa: **I'm having to take off my boots everywhere I go in Japan.** Does this custom have some religious meaning?

Sayaka: No, I think it's just to keep the house clean. Japan can get pretty muddy during the rainy season.

Louisa: Well, your apartment is very clean and cozy.

Sayaka: Perhaps "tiny" says it better.

Louisa: Apartments are the same in Madrid. But one thing puzzles me. You said this is a typical Japanese apartment, but only one room has mats.

Sayaka: **Well, nowadays a mixture of Japanese and Western styles is typical. But if you're ready to take a bath now, the tub is Japanese—even if it is plastic.**

Louisa: A bath now? But I've only just arrived.

Sayaka: Well, I guess that's a typical custom. The outer forms may be Westernized, but we use them in a Japanese way.

Do I have to take off my shoes again?

ルイーザ： 日本ではどこに行ってもブーツを脱ぐことになるのよね．この習慣は何か宗教的な意味でもあるのかしら？

さやか： いいえ，ただ家の中を清潔にしておきたいからだと思うわ．日本では梅雨の時期に泥だらけになってしまうもの．

ルイーザ： それにしても，お住まいはとってもきれいで小ぢんまりしてるわね．

さやか： 「ちっちゃい」と言ったほうがふさわしいかもしれないけど．

ルイーザ： 部屋の様子はマドリッドでも同じよ．でも1つ分からないことがあるの．典型的な日本の家と聞いていたけど，1つの部屋にしか畳がないわ．

さやか： ええっと，今は和洋折衷が代表的なの．さあ，お風呂の準備はできてるわ．浴槽はプラスチックだけど日本式よ．

ルイーザ： お風呂ですって？ でも今着いたばかりよ．

さやか： これも独特の習慣なの．外観は洋式だけど，流儀は日本式というわけよ．

Words and Phrases
◆ religious 宗教的な
◆ muddy 泥だらけの
◆ rainy season 梅雨
◆ cozy 小ぢんまりとした
◆ puzzle まごつかせる

🔲 説明のポイント

1. 靴を脱ぐのは面倒だと言う外国人観光客がよくいる．例えば，日光・東照宮の拝殿前でも，Sorry, but it's too much of a bother. (申し訳ないけど，面倒だから) と外で待っていたりする．もっとも，家庭を訪問したときなどは，そんなことは言っていられない．うっかり靴を履いたまま上がろうとしたときの言いわけとして，Sorry, old habits die hard. (ごめん，古い習慣が抜けなくてね) などがある．

2. 「和洋折衷」をひと言で言うと，Houses are half-Japanese, half-Western. のようになる．「2DK」は an apartment with a kitchen-dining room and two other rooms，「2LDK」は an apartment with a living room, a kitchen-dining room and two other rooms のように説明するといいだろう．住まいが小さいからといっても，「ウサギ小屋」だからなどとあまりマイナス面を強調しないようにしたい．

3. 日本には，来客が家に着いた早々お風呂に入れるように準備しておく習慣がある．温泉地などで旅館に着いてまずひと風呂というのも同じ考え方なのだろう．しかし，外国人客なら，Why? Do I smell bad? (どうして？　私の体が臭うからかしら？) と面食らってしまうことになる．無理強いをしないほうが賢明だ．また，必要以上に世話を焼きすぎるのも考えもの．They treated me like a kid. (子ども扱いされた) と誤解する人もいる．

■応用フレーズ

CD 74

Japan can get pretty muddy during the rainy season.
日本は梅雨の時期に泥だらけになってしまいます．
Sapporo can get pretty cold during the Snow Festival.
札幌は雪祭りの時期に厳しい寒さになってしまいます．
Meiji Shrine can get pretty crowded during the New Year's holidays.
明治神宮はお正月の時期に人だらけになってしまいます．

* * *

Perhaps "tiny" says it better.
「ちっちゃい」と言ったほうがふさわしいかもしれません．
Perhaps "overpriced" says it better.
「値が高すぎる」と言ったほうがふさわしいかもしれません．
Perhaps "mysterious" says it better.
「神秘的」と言ったほうがふさわしいかもしれません．

通訳案内のコツとトレーニング法

ほめ言葉

いつか何の変哲もないTシャツを着ていたら，アメリカ人男性に You look like a million dollars!（100万ドルに輝いてるよ）とあいさつされたことがある．ずいぶん立派なほめ言葉に聞こえるが，実はこの表現は日常茶飯事に使われていて，そんなに特別なものではない．旅館などで浴衣姿の外国人を見かけたら，You look like a million dollars（もしくは yen）in your *yukata*. のように声をかけてあげるとよいだろう．

お茶の心を伝えるには？

格式張ったことが苦手な外国人客に，略式の茶の湯を披露することになった．見事な日本庭園の代わりに野菜畑が見えるのはご愛嬌．しかし富士山の借景は日本一である．

CD 75

Dale: Nowadays, green tea is a sort of health food in America.

Hiromi: Well, this isn't just any green tea. It's a powder made from the young tips of the tea plant for the tea ceremony.

Dale: Really? **I hear that the tea ceremony is very formal.**

Hiromi: Don't worry. Today, I'm performing a casual version. But it does use all five senses.

Dale: Let me see. There's the cake and tea for taste. Then there's the flower arrangement on the alcove for sight and incense for smell.

Hiromi: Don't forget the warmth of the cup for touch, and the wind chimes for hearing. My vegetable garden adds to the casualness.

Dale: And with Mt. Fuji as the "borrowed landscape," we've got the best view of any teahouse in Japan!

Part 2　5. 会社や自宅に案内する

How do you explain the tea ceremony?

デール：　最近，アメリカでは緑茶が健康にいいと言われているんだよ．

広美：　これは単なる緑茶とは違うの．茶の湯のために茶の新芽を採って粉末にしたものなのよ．

デール：　そうなの？　茶の湯ってとても格式張っているらしいね．

広美：　心配しなくても大丈夫．今日は略式のものをお目にかけるわ．でも，五官を全部使うようにして．

デール：　ええっと，お菓子やお茶は味覚のためだよね．床の間の生け花は視覚で，お香は臭覚だ．

広美：　触覚で茶碗の温かみを感じるのを忘れないでね．それから風鈴は聴覚のためのものよ．庭の野菜畑はくつろいだ雰囲気を出すのに役立っているわ．

デール：　それに借景に富士山が望めるから，日本の茶室では最高の眺めだよ．

Words and Phrases
- ◆tip　茶の葉芽
- ◆alcove　床の間
- ◆incense　お香
- ◆borrowed landscape　借景
- ◆wind chimes　風鈴
- ◆casualness　略式，四角張らないこと
- ◆warmth　温かみ

🏛 説明のポイント

1. 正式な茶の湯は作法を重んじる．Is the tea ceremony a kind of religion? (茶の湯は宗教の一種ですか？)と聞かれたら，At first, it was influenced by Zen Buddhism, but today it's mostly an artistic or social affair. (当初は禅の強い影響を受けましたが，今は美的で社交的な催しと考えられています)のように答えるといいだろう．ちなみに，キリシタンの宣教師による教会の聖体拝領(communion)の儀式を見た千利休が，茶の湯のヒントにしたという説もある．

2. 「一期一会」は直訳すると，a once-in-a-lifetime encounterのようになる．もっと詳しく説明すれば，This expression comes from tea ceremony. The idea is that each occasion is very special and can never be repeated. So the host should treat the guests as if he may never have a chance to see them again. (この表現は茶の湯から生まれました．考え方としては，それぞれの集まりは生涯で一度限りの特別なもの．主人は客を生涯にただ一度しか会えない相手とみなすのです)となる．

3. 「床の間」についても説明しておいたほうがよい．We put a hanging scroll, a flower arrangement and other works of art here. (ここに掛け軸や生け花，美術品などを飾ります)といった調子．よく日本旅館の部屋などで目撃するが，It's a perfect size for my suitcase! (私のトランクを置くのにぴったり！)などと言いながら，荷物置き場にしてしまう人がいるからだ．

■■ 応用フレーズ

CD 76

This isn't just any green tea.
これは単なる緑茶とは違います．
Horyuji isn't just any temple.
法隆寺はただのお寺とは違います．
The Yomiuri Giants aren't just any baseball team.
読売ジャイアンツはただの野球チームとは違います．

*　*　*

It's a powder made from the young tips of the tea plant.
それは茶の新芽を採って粉末にしたものです．
Yokan is a cake made from beans and sugar.
羊かんは豆と砂糖から作られるお菓子です．
Amazake is a sweet drink made from rice.
甘酒はお米から作られる甘い飲み物です．

通訳案内のコツとトレーニング法

音読の効果

　トロイ遺跡を発見したシュリーマンは15ヵ国語に長けていたことで知られるが，外国語を習得する秘訣として，「非常に多く音読することが有効」だと語っている．翌日，案内することが決まっている観光地のガイドブックなども黙読するより，声に出して読んでおいたほうがいいだろう．現場でのスラスラ感に違いが出てくる．普段の音読用の読み物としては難解なものではなく，1分180ワード程度のスピードで読みやすいものが望ましい．

選挙カーが家のそばを通ったら？

栄治さん宅の訪問客は普段アラスカの自然の中で暮らしている人．次々とやって来る選挙カーの音に辟易とする．もっとも，うるさいのは選挙関連の車とは限らないようで....

CD 77

Maggie: There goes another one of those noisy cars. It seems like they're all saying the same thing.

Eiji: You're right. They're more or less the same. The only difference is the candidate's name.

Maggie: So that's what they're repeating again and again! But why?

Eiji: Unlike ballots in America, Japanese ballots don't have the candidates' names on them.

Maggie: Oh, so it's important to repeat the name to the voters. Uh-oh, here comes another electioneering car.

Eiji: No, this time it's a truck selling roast sweet potatoes.

Maggie: Well, at least that's something useful. You know, one of these candidates should support a law against noise pollution!

Words and Phrases
- ◆ more or less　だいたい
- ◆ ballot　投票用紙
- ◆ voter　有権者
- ◆ electioneering car　選挙カー

Part 2　5. 会社や自宅に案内する

Why are electioneering cars so noisy?

マギー：　ほら，あのうるさい車がまたやって来たわよ．みんな同じようなことを言ってるように聞こえるけど．

栄治：　その通り．どれも似たようなものさ．違っているのは候補者の名前だけだよ．

マギー：　だから何度も何度も繰り返しているのね．でもどうしてなの？

栄治：　日本の投票用紙はアメリカのと違って，候補者の名前が書いてないんだよ．

マギー：　それで有権者に向かって名前を繰り返すのが大事なのね．あーあ，また別の選挙カーがやって来たわ．

栄治：　いや，今度のは石焼きいものトラックだよ．

マギー：　へぇ，少なくても何かの役に立ちそうだけどね．候補者のうちの誰かが騒音公害反対の法律を作るべきよ．

🔲 説明のポイント

1. There goes ～. は、「ほら～」と相手の注意を引くときに使う。There goes the city mayor. (ほら、市長さんよ)といった調子。ただし代名詞では、There he goes. のように語順が変わる。

2. 選挙演説の光景を見た外国人に、候補者が白い手袋をしている理由を聞かれるかもしれない。White is a symbol of purity. (白は純粋さを象徴しているから)とか、White gloves are a symbol of a clean character. (白い手袋はクリーンな汚れがない性格のシンボルになっているから)などの説明が可能だ。ちょっと皮肉を言うなら、The politicians who wear them still get into very dirty scandals. (そういう手袋をしている政治家でもまだ、とても汚いスキャンダルに巻き込まれるんです)ということになる。

3. 「石焼きいも」については、Sweet potatoes roasted on hot pebbles are delicious, especially in the cold season. (熱い小石の上で焼いたさつまいもは、特に寒い季節においしいですよ)などと説明するとよいだろう。「石焼きいも！ 焼きたて！」の掛け声は、Roast sweet potatoes! Steaming hot! のようになる。

4. 町内を回る車といえば、ちり紙交換(exchange of old newspapers for toilet paper)もお馴染み。「お騒がせして申し訳ありません。こちらは、毎度お馴染みのちり紙交換車です」の掛け声は、Hello, folks. Sorry to disturb you again. This is your paper-recycling truck! ということになる。

Part 2 5. 会社や自宅に案内する

■■ 応用フレーズ
CD 78

They're more or less the same. The only difference is the brand name.
どれも似たようなもの．違っているのは銘柄だけです．
They're more or less the same. The only difference is the price.
どれも似たようなもの．違っているのは値段だけです．

＊　＊　＊

Unlike bars in America, Japanese pubs have a big menu.
アメリカのバーと違って，日本の居酒屋はメニューが豊富です．
Unlike freeways in California, Japanese expressways require money.
カリフォルニアのフリーウェイと違って，日本の高速道路は通行料が必要です．

(通訳案内のコツとトレーニング法)

ことわざの英訳

　日本語の「船頭多くして船山に上る」を，英米人はToo many cooks spoil the broth.（料理人が多いとスープが台無しになる）と言ったりする．もっともこれはToo many captains will end up grounding the boat on a mountaintop. のように，日本語の直訳に近い形でやるのもいい．日本のことわざをこのように紹介すれば，独自の味わいが出るからだ．Too many captains will ground the boat. のように言い換えてもよい．

塾通いの子供について説明するときは？

弘子さんの家にホームステイしているゲストが，弘子さんの息子をディズニー映画に連れ出したいと提案する．ところが塾のスケジュールが忙しく，映画どころではなさそう．

CD 79

Ralph: If you're free, I'd love to take you and Yuta to that new Disney movie next Saturday afternoon.

Hiroko: I'm OK, but I'm afraid Yuta is booked up that day.

Ralph: But I thought he only had school in the morning on Saturdays.

Hiroko: That's right. But he's going to a cram school to prepare for the junior high entrance exams next spring.

Ralph: Wow, he's so busy. I noticed he has violin and English lessons on other days. Doesn't he ever have time to play with his friends?

Hiroko: Most of his friends are in the same situation. **But once they get into junior high, all they'll do is read comics.**

Ralph: And until then they'll live like CEOs?

Hiroko: **Yes, but not Chief Executive Officers — Cram Educated Only-children!**

Part 2　5. 会社や自宅に案内する

What's the need for cram schools?

ラルフ：　今度の土曜日の午後にもし時間が空いてたら，雄太君と一緒にディズニー映画の新作にお誘いしたいんだけど．

弘子：　私はいいんだけど，あいにく雄太がその日は忙しいのよ．

ラルフ：　でも土曜日は午前中だけの授業じゃなかったのかなぁ．

弘子：　ええ，でも来年春の中学入試に備えて塾に出かけるのよ．

ラルフ：　へぇー，とっても忙しいんだね．ほかの日はバイオリンや英語のレッスンがあるようだし．友だちと遊ぶ時間なんて取れないんじゃない？

弘子：　ほかの友だちもだいたい似たようなものなの．でもいったん中学に入れば，漫画ばかり読むようになるのよね．

ラルフ：　それまではCEOのような忙しい生活ってわけかい？

弘子：　そうよ．でも「最高経営責任者」のCEOじゃなくて，「詰め込み勉強をしたひとりっ子」の意味のCEOなんだけど．

Words and Phrases
- ◆be booked up　スケジュールが一杯である
- ◆cram school　塾
- ◆junior high (school)　中学校
- ◆entrance exams　入試
- ◆CEO (=Chief Executive Officer)　最高経営責任者

161

⚙ 説明のポイント

1. 「教育ママ」をひと言で言えば，education-obsessed mother となるだろう．Some mothers only think about their children's test scores.（子どものテストの点数だけしか考えない母親がいます）などと説明できる．

2. 教育の話題では，「浪人」も面白い言葉だ．Originally a *ronin* was a samurai who had lost his master. Nowadays, it means a person who could not get into the school or company of his choice and is making another try.（浪人とはもともと，主君を失った侍のことなんですけど，今では希望通りの学校や会社に入れずに再挑戦する人のことを言います）

3. 日本のアニメの水準の高さはよく知られている．The top comic sells over six million copies a week, and that includes millions of adults!（人気のある漫画雑誌は，毎週600万部以上も売れます．その数字には数百万人の大人も入っているんです）といった説明が可能．

4. ダイアローグの最後のやりとりは，only child（ひとりっ子）をもじったものだ．出生率（birthrate）といえば，今や平均1.4人に落ちている．冗談に，"Have you ever met an 0.4 child?"（0.4人の子供って見たことがありますか？）と尋ねてみては？ ノリのいい相手なら，自分の連れている子供をさしながら，There's one sitting right here!（ここに座ってるよ！）なんて答えが返ってくるかもしれない．

■応用フレーズ

CD 80

I'm afraid Yuta is booked up that day.
あいにく雄太がその日は忙しいのです.
I'm afraid the show is booked up that evening.
あいにくその晩のショーは満席なのです.
I'm afraid all the hotels in town are booked up that week.
あいにくその週は町のどのホテルも満室なのです.

＊　＊　＊

Once they get into junior high, all they'll do is read comics.
いったん中学に入れば，漫画ばかり読むようになります.
Once they get into college, all they'll do is play around.
いったん大学に入れば，遊んでばかりいるようになります.
Once they get into a company, all they'll do is work.
いったん会社に入れば，仕事ばかりしているようになります.

通訳案内のコツとトレーニング法

別れのあいさつ

　別れのあいさつは sayonara で通じる．日本人が使うならこれが一番．See you again. は I hope to see you again someday. を略した形．「またね」というよりも，「いつ会うかわからないけど元気でね」という気持ちで使うのがよい．ロマンチックな人向けには，シェイクスピアの『ロミオとジュリエット』でジュリエットが語る Parting is such sweet sorrow.（別れは甘く哀しいもの）をそのまま引用することをお勧めする．

研究社ブックス… *get it*

英語で案内するニッポン
2002年5月31日　初版発行　　2014年4月25日　9刷発行

著者
中山幸男,　ジェフ・クラーク

ⓒ Yukio Nakayama & Jeff Clark, 2002

発行者
関戸雅男

発行所
株式会社　研　究　社
〒102-8152　東京都千代田区富士見2-11-3
電話　営業(03)3288-7777(代)　　編集(03)3288-7711(代)
振替　00150-9-26710
http://www.kenkyusha.co.jp

KENKYUSHA
〈検印省略〉

印刷所
研究社印刷株式会社

整版所
有限会社十歩

装丁
清水良洋

装画
佐の佳子

本文イラスト
池田　馨

ISBN 978-4-327-27919-6　C1082　Printed in Japan